揭秘Google的发展之路

Google是如何控制世界的

[美] 丹尼尔·伊克比亚 著　李军 译

東方出版社

图书在版编目（CIP）数据

Google 是如何控制世界的/［美］丹尼尔·伊克比亚 著. 李军 译.
—北京：东方出版社，2008.8
ISBN 978-7-5060-3288-9

Ⅰ.G…　Ⅱ.①伊…　②李…　Ⅲ.网络企业—企业管理—经验—美国
Ⅳ.F279.712.444

中国版本图书馆 CIP 数据核字（2008）第 131041 号

Google 是如何控制世界的

作　者	［美］丹尼尔·伊克比亚
译　者	李　军
责任编辑	燕霜玉
出　版	东方出版社
发　行	东方出版社　东方音像电子出版社
地　址	北京市东城区朝阳门内大街 166 号
邮政编码	100706
印　刷	北京智力达印刷有限公司
版　次	2008 年 8 月第 1 版
印　次	2008 年 8 月第 1 次印刷
开　本	710 毫米×1000 毫米　1/16
印　张	14.5
书　号	ISBN 978-7-5060-3288-9
定　价	36.00 元
发行电话	（010）65257256　65245857　65276861
团购电话	（010）65230553

目录

前　言　　/ 1

第一部分　谷歌之谜

一、基于免费服务的垄断　　/ 003

虽然谷歌从未表示过有类似垄断的愿望，但其提供服务而不索取任何回报的运作模式，对其他软件和信息产业公司的潜在威胁却是实实在在的。

二、为何未曾引起注意　　/ 009

相比其他网络公司的创始人，拉里·佩奇和塞吉·布林懂得更好地理解并满足网民的需求：信息搜索。谷歌则由此远离了那些新闻头条的关注，踏上了自己的平凡发展之路。

三、完美的奶牛　　/ 013

对于大部分企业而言，他们追求的目标就是拥有一头“奶牛”：产品仅仅凭借其知名度实现连续多年的热销，而且不需要做任何改动。随着一个非凡的天才创意的诞生，谷歌找到了一头完美的奶牛。

四、谷歌是与众不同的 / 017

任何企图以传统方式来解读谷歌的尝试都会以失败而告终……

五、不作恶 / 021

两位创始人的目标十分明确，他们公开宣布，希望将谷歌打造成一家能使世界变得更加美好的公司。

六、沉默的世界 / 025

谷歌对敏感信息的散布十分在意，尤其是那些与财务状况有关的信息和资讯，请记住谷歌有一条不可违背的严格纪律，那就是："沉默是金"。

七、神秘的公司 / 031

谷歌的沉默，这种对保守秘密的崇拜，已经成为了它的一种武器，成为了这家与众不同的公司的法宝之一。

第二部分　历史上最能赚钱的公司是如何建立的

一、这两个小伙子是谁 / 037

布林十分热情，总是笑容满面，活力四射，而且没有一点架子，有时甚至有些古灵精怪……他对不断增加的新工作内容有着近乎疯狂的热情。而对温和可亲的佩奇而言，最大的乐趣就是不断发现和解决新问题，他是那么的喜欢接受挑战。

二、知己密友 / 043

惊讶于佩奇的创意和计划的布林很快参与其中，并开始为这项计划毫无保留地奉献自己的力量。

三、PageRank / 051

PageRank 的算法是以直接关联性为基础的，最关键的因素在于，这种算法能够快速准确地判断网页和所查询内容之间的关联性。

四、沸腾 / 061

“看看拉里·佩奇和塞吉·布林吧，这两位斯坦福大学计算机专业的博士生刚刚成立了一家公司，闯入已经十分拥挤的搜索引擎市场，他们的搜索引擎和公司名叫谷歌……”

五、从崩溃中幸存 / 072

这是一个疯狂的时代，整个社会都好像弥漫着剧烈运动的电子，并试图转化为电波，不断放大信号，所有人都沉浸在某种狂热的情绪之中。

六、新兴企业的总裁 / 081

这种人员的调整融合不是在一朝一夕之间完成的，佩奇和布林需要一段时间去逐步成熟，并最终明白他们还要向顾问们学习许多知识，需要在坚持为善的同时赚取利润。

七、AdWords 的无限好处 / 088

如果说 PageRank 使谷歌广为人知，那么 AdWords 系统则着实将谷歌打造成了一部令人难以置信的赚钱机器。

八、自选新闻 / 095

谷歌新闻服务的一项主要内容于 2003 年夏天正式运行：这就是自动通知系统。利用这套系统，用户可以选定一个新闻主题，然后通过电子邮件接收所有与之相关的新闻。

九、上市 / 102

佩奇和布林已经做好了准备，在条件允许的情况下，由他们独立操作公司的上市，甚至完全抛弃那些居心叵测的合作人！

十、世界图书馆 / 121

在地球上的任何地方都能够免费获取和使用过去全世界所积累的知识信息。

十一、比光更快 / 131

谷歌的季度财务报告再次证明了它迅猛的发展态势，毋庸置疑，谷歌已经成为了世界上赢利能力最强的第一大互联网企业。

第三部分　别的敌人我能应付，请帮助我抵御谷歌

一、全球范围内的泄密　/ 141

面对谷歌这种在他人不知情的情况下搜索数据信息的做法，民主国家的民众为了与之对抗，只有要求制定相应的法律规范。

二、向微软进攻　/ 153

那么怎样才能撼动微软这样一个巨人呢？是动摇它的根基吗？对于谷歌来说，唯一可行的策略就是免费提供那些微软需要收费的服务。

三、出版领域的地震　/ 165

让出版商们害怕的是：将他们出版的图书进行数字化这一过程，将完全不受他们的掌控，而且，一本书的电子版永远都无法避免被盗版的可能，以及由此产生的非法出版发行。

四、决定生死的权力　/ 183

谷歌对其索引目录进行的这些清除活动在业内和专业媒体中引起了巨大反响：涉及的“搜索引擎优化”服务公司不得不面对那些为自己网站前途担忧的客户所提出的大堆问题。

五、老虎机的弱点 / 192

虚假点击以及与 AdWords 相关的拍卖行为无疑成为了谷歌的弱点。

六、所有危险免费 / 202

软件业的历史证明，的确存在由垄断造成的危险，如果一个企业不再受到竞争的刺激，它也就不会再致力于产品的改进更新。

七、有这样一个搜索引擎 / 207

谷歌绝对不会沉醉于现有的成绩，它仍然在努力为自己的搜索引擎提供更丰富的内容。

前言

谷歌是个谜。

从表面上看，这好比一个美国人乐于向全世界宣扬的“成功故事”。两个酷酷的神童创建了一家公司，而他们这样做仅仅只是基于一个简单而又伟大的构想：创设智能搜索引擎。如果有人输入“维克多·雨果”，它就会列出与这位作家相关的所有网站，甚至还会有维克多·雨果大街上比萨店的折扣额度……

作为一部现实版的企业管理教科书，谷歌以一种柔和而不张扬的方式彰显着自己的成功，并且他们始终重视搜索的质量，从而使搜索结果逐步改进。网民们接受这个来自加利福尼亚的搜索引擎大多是通过口口相传，他们选择谷歌完全是出于自愿，因为他们切实感受到了通过谷歌获得的服务明显要优于其他的竞争者，这些竞争者包括大名鼎鼎的雅虎、美国在线、微软以及Alta Vista。

谷歌的高效、准确对所有的竞争者都产生了切实的压力，几乎所有的对手都无法与之匹敌。经过几年的发展，这家曾经是业界“小老弟”的公司已经逐步占领了市场，而且如果它的服务不是免费的，甚至可以将它对市场的占有称之为垄断。

谷歌获得了令人羡慕的巨大成功：它已经成为数亿网民进入网络海洋和浏览各种网页的必经之路。这种近似主宰的特殊能力无疑会吸引更多网民的注意，所有的大型信息服务提供商都曾梦想掌握这样的特权，比尔·盖茨肯定会责问自己为什么没有抓住这个扩大微软帝国的绝好机会。

谷歌的联合创始人拉里·佩奇和塞吉·布林拥有“大善人”的良好形象：他们大公无私、热心环保、代表知识分子而非新保守主义者的价值观。更难能可贵的是，这两位创始人都懂得运用过人的智慧和优良的品德来管理企业。

那么，写这本书的目的何在呢？这是因为谷歌所创新的运作模式很值得作为范例来加以研究。佩奇和布林实际上创造了一种异常高效、而且几乎完全自动的赢利模式，这种模式的内容十分简单：世界上几乎没有任何一项商业活动不会成为谷歌的潜在客户。无论你处于哪个行业，无论你是在中国的偏远山区制造竹瓶，还是在巴黎主持一个国际招聘咨询会议，抑或是在制造干线飞机的座椅或手工画笔，你都有充分的理由在谷歌购买“关键词”，或者是AdWords。当一位网民输入“竹瓶”、“招聘咨询”、“飞机座椅”或者“手工画笔”时，你就有机会出现在谷歌搜索结果页面左侧的显示栏中。

字典中的大部分普通名词都由此演化成了谷歌的收入来源。谷歌的商务人员会十分热情地向你推销这些AdWords，而且其价格还在不断攀升。这种超越想象的模式，也正是佩奇和布林借用其非赢利形式而不予承认的商业模式，正在使谷歌的营业额以每年翻番的速度增长。2006年，谷歌的营业额超过了100亿美元。如果它继续这种势头，再过一年它就将超越数据库领域的巨头——甲骨文公司（截至到2006年6月的财务年度报表显示其收入为144亿美元）；然后在3～4年内超越从1987年开始就一直稳居软件界头把交椅的微软公司（截至到2006年6月的财务年度报表显示其收入为440亿美元）。而且按照这种趋势发展下去，谷歌成为华尔街股票市值第一的公司的那一天也不会太遥远。

谷歌不可思议的伟大之处在于，几乎它全部的收入都来源于其出色的定位广告链接，而且从每次付费广告服务中只收取非常少量的费用。这简直就是经济史上的奇迹！

佩奇和布林的远见卓识在于，他们懂得如何智慧地把握企业的快速成长。他们坚信可以凭借其良好的口碑来扩大影响，因此他们并没有投入巨资宣传自己的品牌。与在广告宣传方面的谨慎态度不同，他们坚持不懈地在技术方面增加投资，从而可以为使用者提供更高效、更优质的服务。为此他们建造完成了容量巨大的基础硬件设备，这足以储存海量的数据，同时还优化了这些数据的传输速度。

但在保护个人隐私方面谷歌面临着质疑。在管理网民通过搜索引擎进行的查询内容以及其他涉及隐私的服务方面，谷歌的信息保护策略存在一定的缺陷，它新开发的 Gmail 电子邮件服务也存在相同的问题。《信息自由法》等法律从理论上保障了每位公民通过网络进行查询和更正其在政府部门登记的相关数据的权利，这就使得谷歌这家私人公司有机会储存大量的个人数据信息。

谷歌的发展态势也引起了其他问题。由于通过广告获得了巨大的利润，所以谷歌有足够的经济实力免费提供软件业赖以生存的基石——应用软件，以保留和吸引更多的用户，并将用户引向它的 AdWords 服务。谷歌提供、赠送、传播各种各样的软件：邮件和通信软件、绘图软件、文字处理软件……请尽情享用吧，全部免费！虽然值得赞赏，但这种以依附关系为代价的模式却值得思考。这家来自加利福尼亚的公司是否会在使数以万计的软件从业人员失业的同时，又将知识经济进行到底呢？长此以往，所有与信息及艺术资料制作相关的业务会不会都被这家公司收入囊中呢？

谷歌的巨大成功使它的创始人拥有了与众不同的能力。充满人道主义愿望的佩奇和布林提出了一个宏伟的计划：将全世界的文学遗产数字化。左拉的作品、洛桑学者的学术论文，以及众多不方便获取的作品或期刊都可以通过一台普通计算机上的简单搜索进行查询和阅读。如果它不是一家上市公司，这项伟大的工程将备受赞扬，但从另一个层面来说，该计划的实施方式已经显示出对知识产权的不尊重（尤其是在法国）。大西洋两岸的众多作家都已经意识到问题的严重性，并开始着手采取相应措施以保护他们的著作权。

20世纪90年代中期，微软公司也曾备受争议。当时，凭借Windows操作系统获得的超级统治地位使其有了凌驾于一切之上的感觉，直到自由操作系统软件Linux出现之后，一种良性的竞争关系才得以建立并不断发展。这种竞争最终促使微软改变了部分经营策略，甚至唤起了微软创始人比尔·盖茨难得的谦逊态度。

在谷歌凭借垄断信息产业控制世界之前，我们有必要研究其成长历史并分析其发展模式的长期影响。事实证明领导谷歌的两位精英比其竞争者要聪明谨慎得多，因为本质上无私的佩奇和布林能够考虑到谷歌所采用的某些策略会给他人带来不安反应。但如果我们仔细观察谷歌目前迅速发展下的一派祥和，就会发现事实并非完全如他们所想的那样。

今天的谷歌牢牢屹立于互联网，显得不可动摇，整个网络都在随之改变。但可以肯定的是，摆在这个网络领航者面前的道路并非一帆风顺。

我们能否目睹谷歌获得最后的胜利呢？这个由拉里·佩奇和塞吉·布林缔造的帝国是否会为自己埋下衰落的种子？这就是本书即将提出的问题……

第一部分　谷歌之谜

一、基于免费服务的垄断

虽然谷歌从未表示过有类似垄断的愿望，但其提供服务而不索取任何回报的运作模式，对其他软件和信息产业公司的潜在威胁却是实实在在的。

在过去的10年中，谷歌逐渐体现出的实力是毋庸置疑的。它的创始人之一拉里·佩奇总喜欢标榜谷歌的搜索服务已经像刷牙一样成了广大网民日常生活的一部分。对于大部分网民而言，谷歌已经成了“搜索”的代名词。在美国，Google这个词甚至已经进入了日常生活语言当中。在电影《全民情敌》（2005年）中，威尔·史密斯就曾使用过这个词——当电影中的人物面临难题时，他们立即就能找到解决方法：“给我一分钟，让我Google一下”。这个词已经可以用来表达一个实际的意义，就如同“北极”（Frigidaire）牌冰棒和“开迪”（Caddy）牌糖果一样。

回想1996和1997年，当拉里·佩奇和塞吉·布林还在实验室中尝试完善搜索技术时，有谁能相信网民对高效搜索工具的需要是如此强烈且具有决定性意义呢？诸如雅虎、AltaVista、HotBot以及Lycos等公司提供的服务在当时看来已经是足够令人满意的了。然而，随着网络信息的迅速增长，搜索结果不够精确的缺点很快就使这些公司无法满足用户的需求。谷歌两位创始人的目标就是不断研发先进技术，将一台普通计算机打造成能够迅速搜索到与某一词条相关信息的资料库终端。

那么谷歌成功的最关键之处是什么呢？在于它懂得在合适的时间出现在合适的地点……

一种新媒体、新技术的出现都必然引发一场变革。毫无疑问，一些公司能够从这种变革中获利，但另一些甚至更早进入相同领域的公司却往往没能抓住机遇。例如，20世纪80年代头号微型计算机软件公司Lotus的掌门，就因为未能及时意识到其竞争对手微软的Windows操作系统的重要性而被历史所淘汰。与其同时期的游戏卡制造商任天堂，则通过周密细致的研究开发出了后来大放异彩的娱乐方式：电子游戏。在其后的12年里，任天堂一直在游戏机领域占据着不可动摇的领导地位。

一种新型产品的发明也会促使一些新兴公司急切而迅速地成长为强者：它们的出发点是必须在一块处女地上占有一席之地。然而由于它们缺乏经验，这些“幼苗”的存活期往往都不长。只有很少的一部分，能够巧妙地适应环境变化，成长为商业社会里的巨人。

举几个例子：电影的发明从1910年开始一直刺激着好莱坞这个位于洛杉矶旁的小镇的建设与发展，也促使了诸如派拉蒙、米高梅、华纳兄弟以及哥伦比亚等电影公司的迅猛发展；20世纪50年代后期，电吉他的发明和不断完善将Fender、Gibson等品牌推向了前台；1977年，史蒂夫·乔布斯和他的搭档斯蒂芬·沃兹尼克充分利用微处理器被发明的机会，研制开发出Apple2型计算机以及后来的Macintosh计算机。

对一种新型服务的喜好也会引发新的垄断。1876年2月24日，在2个小时内，两位美国青年格拉汉姆·贝尔和埃利萨·格雷先后宣布发明了电话，最终由格拉汉姆·贝尔赢得了专利权。1881年，电话用户已经发展至132 000位，而与此同时，贝尔公司也在该行业建立起了垄断地位，并最终引发美国政府提出了历史上第一个反垄断诉讼。这使得贝尔公司逐渐受到限制，并最终导致贝尔（现AT&T公司）于1984年被拆分为多个独立的公司。

计算机是现今国际互联网上不可或缺的基础设备，而这种高速运算机器的发明最远只能追溯到60年前。1943年才诞生了第一台真正意义上的计算机——Mark I，这台在哈佛大学研制成功的机器最初目的只是为了帮助盟军破解德军的密码信息。1946年，宾夕法尼亚大学研制出了l'Eniac，它是一台30吨重、占地140平方米、包括18 000个真空管的庞然大物。这个钢铁怪物激发了当时不少科幻作家的灵感，但他们没有一个人预见到这个怪物后来会不断微型化。计算机的出现给当时一家生产计算器的企业带来了机会，使它迅速发展成为行业巨头……

这家企业就是IBM。IBM公司于1948年开发制造出了自己品牌的计算机。1956年，它的营业额达到了神话般的10亿美元，在50年代的最后几年内，IBM成为了名符其实的计算机帝国。1969年1月17日，美国司法部在7家计算机制造商的要求下向IBM公司提起了反垄断诉讼。

1990年5月，微软公司发布了新一代操作系统Windows 3.0，使个人计算机具有了可以与苹果公司的Macintosh计算机相媲美的易操作性。用户对这种图形界面操作系统的巨大需求直接刺激了微软公司为Windows量身定做的其他软件的销售，这些软件包括：Word、Excel、PowerPoint……短短的三四年内，那些曾经对Windows没有信心，而自己又开发不出更好软件的微软竞争者不得不相继面临失败的命运。试想一下，在CD唱片迅速发展的时候，唱片业的其他商家如果不采用CD格式，它们的下场会怎样。

与Windows的迅猛发展一样，微软公司的创始人也已经成为了美国最富有的人。目前Windows占据着软件产业95%的市场份额，面对这种近乎垄断的局面，众多的软件开发商开始联合起来反对微软。美国政府已于1998年提起了一项引起轰动的诉讼程序，但时至今日该项诉讼仍然没有实质性的结果。

1993年底，网络在国际互联网（World Wide Web）的迅猛发展下开始走进大众生活。随着国际互联网各种技术创新的不断发展，20世纪90年代中后期网络简直就是在以光速前进。虽然最初的设计只是为了张贴文字和图片，但网络这种崭新的媒介很快就融入了音乐、动画以及视频，同时还创造了许多新型服务：网络游戏、网络竞价、折扣机票预订等等。

如今，互联网与电话以及收音机一样，已经成为了一种非常普遍的工具。对于大部分城市居民，甚至居住在乡村的人来说，互联网已经成为了他们不可或缺的生活必需品。

在网络事业蓬勃发展的过程中，谷歌无疑是众多公司中发展最为成功的一家了。在世界的各个角落，有九成以上的网民在使用谷歌的搜索引擎，这使它获得了与当年的Bell/AT&T、IBM以及微软相似的几近垄断的市场地位。

谷歌的经营模式是史无前例的，这家由佩奇和布林创建的公司提供了一种完全免费的服务产品——搜索引擎。然而，这种无需付费的服务却创造出了惊人的利润，而且每年都在成倍增长！

除了一些被剥离出的单项服务，谷歌不向使用者出售任何东西，但它却比巅峰时期的IBM和微软更令人畏惧。谷歌在互联网领域近乎垄断的地位使它有可能对大部分网络通信实施控制：包括电子邮件、电话、新闻、电视广播、软件发行、电子商务……

用户在谷歌进行的每次搜索都会被记录，无论他使用的是谷歌的哪种服务（搜索、绘图、新闻阅读……）。为其招来非议的还有谷歌的邮件系统Gmail，它除了分析电子邮件的内容，还会保存所有收到和发出的邮件，甚至在用户删除邮件后仍然会保存——以免用户某天忽然后悔，希望重新阅读。在不久的将来，谷歌将能够建立起一个在重视市场的同时也重视社会价值的企业形象，网民们对此深信不疑。

诚然，谷歌从未表示过有类似垄断的愿望，但其潜在的威胁却是实实在在的，就如同一个信奉和平主义的国家从不会试图聚集任何战争实力一样。

谷歌的出现和发展引起了许多软件和信息产业公司的担忧，其理由非常简单。谷歌的利润如此之高，以至于它可以免费发行那些竞争对手正在出售的产品：文字处理软件、绘图软件等等。通过不断宣扬信息产品的免费化，谷歌给用户们留下的印象就如同一个纯真的好朋友。

矛盾在于，一方面谷歌是一个赚取了大量利润的上市公司，而另一方面，它又或多或少地保持着与后嬉皮士主义类似的无私风度。公司的每一个决议——包括极具争议的世界文学遗产数字化计划——都伴有充分的理由和论据以平息外界的批评。这种灵活的方式已经赢得了不少美国学者的认可。

致力于维护反传统文化价值观的硅谷学者霍华德·莱茵戈德，对谷歌的“商业模式”给予了毫无保留的赞扬，将其称为“神奇的商业模式"："他们实现的创意是绝妙的，他们向你提供服务，却只从广告服务中获取收入，其中最令人赞赏的是，没有一丝的强迫要求你点击他们的广告！"

那么这位反传统的学者是如何看待谷歌收集用户的数据信息的呢？"这是引发担忧的根源"，他承认。他的评价相当直接："如果他们滥用这些数据，他们的股票价格将会大跳水"。

同时莱茵戈德也承认不能完全排除信息被盗用的风险，以及政府可能会试图秘密控制这些信息。

谷歌提供服务而不索取任何回报的运作模式，不仅会让那些因为谷歌的文学作品数字化项目忽视著作权而出离愤怒的作家更加警惕和担忧，也会引起以微软为首的众多软件业巨头的不安。因为就在不久前，诸如微软等巨头们的地位在人们看来还是固若金汤的。也许未来的某一天，谷歌也会因为过度使用其垄断地位而陷入被指控的境地，理由非常简单：它所免费发行的软件正是其他主要软件生产商赖以生存的商品！

谷歌的整个发展史中最令人震撼的部分在于，它是悄无声息地登上顶峰的。这种大幅度的崛起是如何在完全不引人注意的情况下实现的呢？

二、为何未曾引起注意

相比其他网络公司的创始人，拉里·佩奇和塞吉·布林懂得更好地理解并满足网民的需求：信息搜索。谷歌则由此远离了那些新闻头条的关注，踏上了自己的平凡发展之路。

在互联网发展初期，众多具有开创性的公司都希望成为真正的强者。当时大部分人都认为这场竞争的胜利者会是网景，因为它当时已经成为了互联网经济的先锋。

1995 年 8 月 8 日，网景在纽约证券交易所上市引发了狂热的认购，其股票价格一路狂飙，根本无法稳定。而早在几个星期之前，负责策划其上市的事务所就接到了不计其数的股票购买者的咨询电话。面对这种抢购狂潮，其股票发行价格足足翻了一番，从 14 美元涨至 28 美元。上市开盘后，成交价迅速飙升至 71 美元。在这个具有纪念意义的交易日结束时，网景的创造人吉姆·克拉克所持有的 970 万股股票市值已经达到了 5.65 亿美元。

网景这家全新的公司——仅仅成立了 16 个月——由此成为了互联网行业第一家如此大规模的上市公司。作为网络经济的新贵，克拉克丝毫没有掩饰其野心：把网景发展成“互联网上的微软”。拥有 2 000 万用户的网景 Navigator 浏览器已经成为了网络用户的必备软件，信息产业的巨头诸如甲骨文公司、太阳公司和IBM，也似乎从中看到了摆脱Windows统治的希望。

然而，1998年1月，在经历了一个亏损1.15亿美元的财务季度后，网景不得不面临失败的命运。它的对手微软凭借旗下的IE浏览器不仅成功挽回了落后局面，而且成为了网络浏览器的新霸主。关于网景破产的消息并未引起轰动，因为当时人们关注的焦点正集中在克林顿与莱温斯基的绯闻，以及对互联网经济发展前景的狂热期待上。众多投资者甚至断言一个“新经济”正在诞生。几个月后，随着网景被美国在线收购，这个品牌从历史的河流中悄然蒸发了。

1996年4月12日，网络新贵雅虎公司进入二级股票市场。仅仅在一年前还是普通大学生的两位创始人杨致远（28岁）和大卫·费罗（30岁），亲眼目睹了自己的股权（各占17%的份额）演变为数百万美元的财富。那些有眼光在雅虎进行风险投资的人也一同获得了丰厚的回报。

作为一个古巴移民的儿子，杰夫·贝佐斯于1995年7月创建了第一家网上书店——亚马逊，并在1996年底拥有了近20万的客户。这家公司由此迅速成为了“网络经济”的新代表，而“网络经济”则被认为是可以取代传统经济的新希望。然而，尽管在股市募集到了巨额资金，但亚马逊的亏损状况仍在继续。

事实就是这样：投资者对网络充满信心，因此对于那些与互联网这只未来会下金蛋的母鸡相关的新公司，他们都愿意为其投入成百上千万美元的资金。

谷歌的上市则比其他网络明星更晚，也更谨慎。1998年年底成立之初，谷歌的确吸引到了部分投资，但当时全世界媒体的目光都集中在美国在线、e* Trade、eBay、AltaVista、mp3.com、Priceline

等公司身上。在法国，备受关注的则是 Multimania 和 Caramail 等新星公司。

相比其他网络公司的创始人，拉里·佩奇和塞吉·布林懂得更好地理解并满足网民的需求：信息搜索。谷歌则由此远离了那些新闻头条的关注，踏上了自己的平凡发展之路。

在这个网络经济发展的黄金时代，雅虎的市值达到了 400 亿美元——是苹果电脑公司市值的 3 倍。迈克尔·戴尔在选择开设网站进行营销后，其个人计算机的销售量直线上升，戴尔公司的营业额达到甚至超过了之前一直占据销量第一的康柏公司。而美国在线则准备收购传媒巨头时代华纳公司……在众多的成功故事中，谷歌就好比一个毫不起眼的小章节夹杂其中。

尽管谷歌不断赢得用户的良好口碑，但媒体的注意力却被另一桩大事件所吸引了。

2000 年 4 月，纳斯达克（科技股市场）遭遇了第一次大震荡。随后，虽然经历了几次反弹，但这个二级市场仍然遭受了巨幅下挫，甚至对整个美国经济也造成了负面影响。刚刚创造了增长纪录的网络广告业务，从 2000 年第二季度开始遭受第一次下滑。于是新兴网络公司纷纷关门歇业，从而导致了整个行业的就业困难。2001 年 1 月 2 日，纳斯达克的市值和重新回到 1999 年的水平。面对这一残酷的现实，大部分网络公司不得不惨淡经营，整个 2000 年，美国的 les. com 公司共辞退了 41 515 名员工。

在整个网络经济不景气的大背景下，谷歌却悄无声息地迅速成长着。网络已经褪去了它色彩斑斓的外衣，而曾经对网络公司寄予厚望，却又不得不看着它们失败的大众媒体，开始不再过分关注网络经济的发展。与此同时，谷歌探索出了如何从信息搜索这一基本上网需求中获取丰厚利润的运作模式。

不计其数的公司最终遭受失败，就是因为没能找到这样一个出色的创意。AdWords 模式（位于页面右侧的付费广告链接）的提出，肯定借鉴了 Overture 公司的相关概念，但佩奇和布林对其进行了绝妙的改造，这使得 AdWords 成为了这对搭档的第二个天才创意。

1999 年至 2003 年，谷歌的营业额获得了 437 115%的惊人增长。最初的 220 000 美元投资，已经变成了近 10 亿美元。然而，这两位斯坦福大学的毕业生还是没有引起信息产业巨头们的注意，后者仍然在关注哪家公司能够率先从不景气的网络经济中摆脱出来：是 IBM、微软、戴尔、思科还是新星亚马逊或雅虎。

2004 年夏天，谷歌成功上市，短短几个月，人们突然意识到，在那些传统的巨头们中间，崛起了一个新的巨人，它就是谷歌。逐渐地，谷歌似乎成为了信息产业中“举足轻重”的新公司，甚至成为了信息产业新纪元的代表。

反观美国在线、雅虎、亚马逊、Real 或者 eBay 这些几乎在同一时期崛起的公司，现在已经被谷歌远远地甩在了后面。同样需要提及的，还有那些曾经在互联网上昙花一现，最终却没能成为传奇的公司或者品牌：网景、mp3. com、AltaVista……

从 2004 年年底开始，佩奇和布林提出了一系列新的发展计划，其中大部分都经过了几个月甚至几年的考虑和研究，例如充满争议的世界文学遗产数字化计划。

佩奇和布林实现的无与伦比的产业模式，使他们获得了某种控制互联网的能力。他们已经冷静而坚决地为谷歌规划出了未来的发展方向，这将有可能使谷歌成为历史上第一个具有世界性意义的公司。

三、完美的奶牛

对于大部分企业而言，他们追求的目标就是拥有一头“奶牛”：产品仅仅凭借其知名度实现连续多年的热销，而且不需要做任何改动。随着一个非凡的天才创意的诞生，谷歌找到了一头完美的奶牛。

一家公司获得成功诚然可贵，但要在相当长的一段时间内保持国际巨头的地位则是另一回事，这种情况是极其罕见的。

佩奇和布林以前所未有的速度找准了自己的定位，随后又在相当短的时间内将谷歌打造成了资讯业的绝对第一，除了在互联网上的优势地位之外，谷歌还成了信息产业新纪元里的龙头老大。

到底是哪种（或者说哪些）因素造就了这种成功呢？关键在于，谷歌的创始人懂得抢在所有竞争者之前，建立起一种高效的赢利模式。这种具有开放性的模式是如此巧妙，以至于没有人能判断出它的涵盖范围到底有多广。

对于大部分企业而言，他们追求的目标就是拥有一头“奶牛”：产品仅仅凭借其知名度实现连续多年的热销，而且不需要做任何改动。LU 饼干是如此，可口可乐是如此，Quies 球（即耳塞——译者注）也是如此，它们都是最好的例子：产品经久不衰，而生产商却不用耗费一分一毫为产品进行任何修缮。

谷歌甚至较比尔·盖茨的天才创意更胜一筹，后者曾在20世纪80年代初计划建立一种自动化的赢利模式。现在我们有必要对他们的成功之路进行一下对比。

1981年7月，IBM推出了其著名的个人计算机，这种计算机装备有英特尔公司的8088微处理器和微软公司的MS-DOS操作系统。当时，令人不可思议的是，计算机行业的老大IBM，居然授权微软公司向其他计算机生产商销售相同的MS-DOS操作系统。

比尔·盖茨于是借用IBM的品牌效应销售出了不计其数的操作系统软件。只要计算机生产商为装备英特尔8088微处理器的计算机安装上MS-DOS操作系统，用户就会认为这家生产商销售的是“与IBM兼容的计算机”！在此基础上发展出了许多计算机公司，其中有不少至今仍在生产，例如康柏、Gateway……

凭借MS-DOS，微软公司有了一个巨额的收入来源。IBM或者康柏，宏碁等厂商每销售出一台计算机，就会有一部分利润流入盖茨的公司。诚然，微软此后也开发了不少新的利润来源，但仅仅MS-DOS一项产品就为它赚下了足够与其他软件厂商竞争的资本。随着Windows的出现，微软的这种优势得到了进一步加强，因为绝大部分计算机终端都会预装这种操作系统。仅此两项，就足以将比尔·盖茨送上世界首富的宝座。直至2005年，微软仍然是如此的强大，甚至根本不可能出现能与之匹敌的对手。

令人难以置信却客观存在的事实是：谷歌的创始人成功地找到了比MS-DOS和Windows更有效的“奶牛”。这种连比尔·盖茨都没有想到的赢利模式从逻辑上看却并不需要耗费过多的精力。这是一个非凡的天才创意。

谷歌的主要收入来源于其广告业务，它推销的广告形式主要有两种。第一种是 AdWords，当你在谷歌上搜索“自行车”时，你就会在窗口显示栏的右侧看到一系列商品广告链接，诸如“荷兰自行车及配件”、“科雷兹越野自行车”等等。最重要的一点在于，这些链接与网民的搜索有着直接的对应关系，相对于那些充斥在网络上、令人无法忍受的广告链接（与用户的搜索毫无关联），只会引起用户对广告发布者的反感。谷歌的链接则更容易被网民接受，他们会自愿地去点击这些链接。

凭借 AdWords，网民在商业广告链接上的每一次点击都会为谷歌增加几分钱的收入，这种赢利模式的效率非常惊人，谷歌的营业额不断得到巨幅增长。2002 年，谷歌的收入是 439 508 美元；2003 年，其收入就超过了 10 亿美元（准确数字是 14.65 亿美元）；在接下来的 2004 年，这个数字变成了 31 亿美元；2005 年，谷歌的收入达到了惊人的 61.38 亿美元。到目前为止，谷歌的收入还在以每年翻一番的速度增长！这种惊人的增长速度完全是前所未有的！

谷歌的第二个收入来源是 AdSense：放置在其他网站上的商业广告链接。例如，某个交流自行车乐趣的网站就可以将前文提到的商业链接张贴到自己的网页上，当网民点击这个链接时，放置链接的网站和谷歌将共同分享广告收入。换句话说，那些将谷歌的商业广告链接放置到自己网页上的网站也能从中获利。

“这是有史以来最大众化，也是最廉价的广告形式”，谷歌法国子公司总经理马特·卡尔杜内这样评价。在他看来，支持这一观点的论据是显而易见的，因为谷歌的大部分客户都是小型企业和那些想通过网络销售商品的个人。例如，皮杜通过在个人博客上放置谷歌的商业广告，其分享到的收入就足以支付日常的生活所需。

谷歌正在世界各地开办商务代表处，推销其关键词或将关键词放置到其他网站上，其业务范围涵盖了一切可能的领域，甚至那些平常很少触及的事物："鹦鹉饲料"、"可拆卸库房"、"杏仁浆"、"滑门"、"布尔·让·布雷斯的汽车学校"、"劳拉·克劳馥"，等等。

即使是在最疯狂的梦境中，比尔·盖茨恐怕也没有想象过一头如此出众的奶牛吧！

四、谷歌是与众不同的

任何企图以传统方式来解读谷歌的尝试都会以失败而告终……

任何企图以传统方式来解读谷歌的尝试都会以失败而告终，因为这家公司的运作模式完全是其独创的，当然，这并不代表它的运作模式是一成不变的。谷歌的发展是建立在一种非条约性的合作之上的，而且它完全按照两位天才的喜好前进，这两个不走寻常路的人就是拉里·佩奇和塞吉·布林。

佩奇和布林建立了一种十分罕见的组合，凭借其远远高出常人的智商，他们集合了理查德·布兰森、泰德·特纳、迈克尔·戴尔、比尔·乔伊（太阳公司的创造人之一）以及史蒂夫·乔布斯和比尔·盖茨的所有卓越品质。唯一的差别在于：他们是两人共同管理企业。

优秀的计算机专栏作家鲍伯·科林吉里曾这样风趣地评价天才：同样的错误他们只会犯一次。然而历史的经验证明，即使是天才也会在某个特定的时候迷失方向，只是天才们懂得停下脚步认真思考，然后再重新调整前进的方向。于是科林吉里又慎重地补充了这样一条：所谓超级天才，就是同样的错误在犯了两到三次后能够认识到自身错误并加以改正的人。佩奇和布林或许就是这样吧。

历史总是会不断赐予天才们机会，使他们不顾一切地努力追求和实现某个大胆新奇的创意，而且往往这个创意最初并不能被同时代的人所接纳。这种不为他人的非议左右的执着态度，甚至会被看做是狂妄自大。

1984 年，对计算机技术提出了革新理论的史蒂夫·乔布斯，在推出苹果电脑的前夕，曾接受过一位记者的提问："你调查过公众是否需要这种计算机吗?"乔布斯的回答精彩绝伦："难道你认为莱昂纳多·达·芬奇在绘制'蒙娜丽莎'之前也做过同样的调查吗?"。

1990 年 5 月发布 Windows 3.0 操作系统之前，比尔·盖茨也曾为之努力了漫长的七年——因为大众似乎并不需要这种新的操作系统。在此期间，他不得不面对当时大部分软件设计公司的拒绝，其中也包括他的股东 IBM，后者甚至根本不愿意提及新的操作系统。在微软内部，管理层也曾动摇，试图放弃这一似乎没有任何成功希望的计划。然而盖茨选择了坚持，并最终赢得了巨大的成功。

这种看似固执己见的态度源于他们内心的坚定信念。如果说比尔·盖茨和史蒂夫·乔布斯受到了这种信念的鼓舞，那么佩奇和布林也得到了相同的激励。而且有过之而无不及的是，作为技术狂热分子，他们对战胜质疑更加充满信心。我们必须承认，这种甚至可以称之为偏执的自信是促成佩奇和布林获得成功的重要因素之一，也正是这种自信成就了他们比以往任何智者更聪明的超级天才地位。

佩奇和布林从一开始就坚信，研究并建立一个高效的搜索引擎是网络用户最为需要的。然而当时的网络巨头——雅虎、MSN（微软）、美国在线等等，却认为网络用户的搜索需求是第二位的，他们更注重的是为网络用户提供"门户网站"，向他们提供各式各样的服务，甚至明知太多太复杂的服务有引起用户反感的风险也在所不惜。

佩奇和布林在其他方面也表现出了与传统理念的不同。例如他们拒绝在谷歌的网站上放置广告栏，他们也没有跟风在网页上放置生动活泼的 Flash 动画，因为他们担心这会引起众多希望以最快速度获得搜索结果的用户们的不满。

谷歌服务的成功还来源于另一个重要因素，那就是它没有任何装饰。与其朴实无华的界面相对的是，其竞争者无一例外地选择了浮华的风格，在网站页面上堆砌起无数华丽的交互式动画。佩奇和布林所坚持的理由是：选择其搜索引擎的用户不仅仅是因为认可搜索结果的质量，同时也喜欢其朴实无华的界面——这一点与其他网站的复杂和花哨形成了鲜明对比，但华丽之风仍在继续，众多网站并未意识到这个教训。

在信任和使用雅虎、AltaVista 及美国在线多年之后，我们和许多人一样将自己计算机的浏览器首页从这些网站改为了谷歌。笔者本人是 2001 年作出这项选择的，很重要的一个原因就是欣赏谷歌朴实的界面。凭借其极其简洁，仅仅专门用于搜索的界面，谷歌促使雅虎开始了界面的简洁化：不再有广告栏，首页也不再堆得像一个储藏室。

按照上述分析，要超越其他传统观念，还需要不少超脱的精神——或者说是勇敢无畏的态度。那些愿意接受盖茨、乔布斯、戴森等人那种固执己见的人，往往会很容易引起投资商的反感。约翰·杜尔和迈克尔·莫瑞茨这两位风险投资商从 1999 年 6 月就开始向谷歌注入资金，但他们也曾因为对固执己见的佩奇和布林深信不疑而感到懊恼。

谷歌两位创始人与众不同的特质中还有一项不可忽视的因素。

塞吉·布林是犹太教信徒，他的父亲是一位工程师，1970年受反犹太主义影响离开前苏联。拉里·佩奇的母亲也是犹太人，尽管后者并不认为宗教信仰比家务更重要。

性格的独特来源于信任，一种文化也能形成一种世界观。也许，在犹太民族的精神中本来就存在某种挑战智慧极限的嗜好，他们喜爱深入探讨、喜爱提问、喜爱辩论、喜爱交流各自的观点、喜爱捍卫自己原则，等等。这种对辩论的爱好经常是没有结果的，但是当这种思辨上升到某个层次的时候，它往往会激发出石破天惊般的灵感。1983年，当来自百事可乐公司、略显拘谨的约翰·斯卡利被苹果公司录用时，他曾惊讶于在这个年轻的公司内部，管理人员和工程师们居然能在一起连续几个小时的放肆争论。令斯卡利印象深刻的是，在这种看似乱成一团，人人面红耳赤的辩论中，往往能诞生出绝妙的创意和构想。

佩奇和布林都喜好辩论，愿意接受挑战和解决问题。他们喜欢与充满创造精神和灵感的人共事。因此谷歌吸引了众多高水平的工程师。相对于其他公司，谷歌的创始人更愿意鼓励对新创意的研究，支持就某个问题或技术观点进行辩论和交流。谷歌由此成为了一个真正的智力开发中心。

犹太文化底蕴可能是造就谷歌特质的另一个因素。佩奇和布林都喜欢做好事，他们相信能改造出一个更加美好的世界。这种观念并不是他们的原创，在我接触过的许多企业领导者身上都存在这种精神。对于谷歌来说，这种精神已经成为了一个格言：Don't be evil（不作恶）。

五、不作恶

两位创始人的目标十分明确，他们公开宣布，希望将谷歌打造成一家能使世界变得更加美好的公司。

2004年春天，在谷歌上市前夕，它的创始人给所有投资者写了一封信，信的开头就指出：不作恶。

拉里·佩奇这样写道："通过这句格言，我们希望能准确地表达出，最可贵的力量在于——永远只做正确的、符合道德观念的事情"，他更进一步的指出，"不作恶"会比"做好事"更能得到大家的认可。

"我们认真考虑了很长时间，最终得出结论，如果我们的公司能为世界的发展进步作出积极的贡献，即使会损失一些短期的利润，但从长远来看我们仍将会获得丰厚的收益——作为股东或者通过其他方式，这就是我们的核心价值观，而且我们的员工也赞同这个观点"。

为了实践这种观念，谷歌发起成立了以其名字命名的基金会。谷歌基金会每年获得公司利润1%的资金，并且表达了同样的雄心壮志："我们希望基金会能在将来的某一天，以其创新精神和能够应对世界性问题的丰富资源，在世界上的影响超过谷歌公司本身"。

两位创始人的目标十分明确，他们公开宣布，希望将谷歌打造成一家能使世界变得更加美好的公司。的确，历史上以此为信条的商业机构非常罕见，也没有任何一家大型企业敢于提出类似的口号，因为他们担心这会使企业的各种经营活动经常性地成为媒体讽刺或批评的对象。

有一种观点认为，获取金钱是企业家的原动力，在美国更是如此，这显然是非常狭隘的。的确，大部分信息产业的巨头都以追逐利润为目标，或许他们是在企业发展过程中，受环境的影响逐渐形成这种观点的。但是有时候，还有其他某种因素会影响到一个企业的文化，例如将一项发明物质化的愿望，或者希望对社会事件施加影响的权力欲望。

Paypal的创始人之一麦克斯·拉夫琴以他的亲身经历阐述了获取金钱并非企业的唯一目的。他解释说，吸引他投入到极度紧张的研发工作中的——往往每天只能休息几个小时——是因为他从这项工作中体会到了无穷的乐趣。

在谷歌创始人的眼中，赢利似乎一直都是第二位的，甚至那些曾经帮助过谷歌的风险投资者都很难使他们认识到重视赢利的必要性。虽然随着企业的发展，他们开始逐渐关注利润问题，但“做好每一件事”仍然是谷歌的正式口号。

对于佩奇和布林，这种信念由于两人的自信而成倍增长。这使得他们可以将那些引起广泛争议的议题付诸于实施，而不用过多地担心外界的反应。最好的例子就是其世界文学遗产数字化计划，这项计划在法国和世界其他国家都引发了强烈的抗议。

谷歌创始人对于一些设想的出发点其实并没有问题，而且他们的确是怀着某种无私的良好愿望，除了创立谷歌基金会之外，佩奇和布林的许多个人投资项目都表现出了这种愿望。作为公众慈善家，他们明确地表示愿意支持各种资助计划，无论资助的对象是某个程序员还是某个独立电影制片人。

这种源于内心良好愿望的自信使他们开始实施一项无可比拟的信息数据库建设计划：建立一个前所未有的个人数据储存系统。对此，他们也表示是出于良好愿望。

从2002年3月开始担任法国国家图书馆馆长的让·诺埃尔·詹尼内，对谷歌的世界文学遗产数字化计划持反对意见，他表示："'我们会在挣钱的同时造福人类!'，谷歌创始人的这种观点值得质疑。对于这种美国人身上常有的'天真纯朴'，我们应该谨慎对待"。

谷歌的表现不得不令我们回想起索尼的例子。井深大在1946年创立索尼公司时，也怀有同样伟大的无私愿望。当时他曾表示希望推动"文化层次的提升"，"他考虑问题的原则是，公司的产品如何改善人们的生活和文化"，20世纪90年代末任索尼公司总裁的出井伸之曾这样评价创始人井深大。与佩奇和布林一样，井深大的目光远远超越了企业的赢利活动，而更希望将索尼置于日本民族的文化背景中。1997年12月井深大去世后，时任索尼公司总裁的贺典雄曾说："即使是在索尼公司赢利非常少的时候，井深大仍然坚持拨款给索尼基金会，以支持在中小学中推进科学技术知识的教育。此外，其支持的领域同样也涵盖对幼儿的教育"。

然而，在生命的最后一段时间里，井深大似乎意识到自己可能选择了错误的道路。他在这段时间的思考显示出了某种怀疑：科技对于现代社会的真实贡献到底是什么？"高科技也有自身的局限性……有一种无法预见、模糊而抽象的世界性精神，那就是人类的创造性"，井深大解释说："人类被物质观所包围，以至于内心被冰冻起来”。

假如这位索尼创始人2006年仍健在，他可能会惊诧于一位名叫霍华德·斯丁格的美国“清道夫”所进行的工作。霍华德·斯丁格2005年受聘于索尼公司，以改善这家大型跨国公司的赢利状况，这位务实的总裁一举切中要害，干净利落地剥离了那些无法在短期内实现赢利的项目。不仅如此，他还将索尼公司撤出了家用机器人市场，此前索尼已经在该领域投资了十余年，其主导者是一位拥有诗人般梦想的工程师土井利忠，而他正是井深大思想的忠实践行者。通过Aibo机器人的研发，土井利忠希望不仅仅设计出一种实用的机器人，而且创造出一种全新的娱乐生活方式。“就像人们买了一张桌子，而只是出于娱乐的目的将其挂在墙上”，显然，索尼公司的股东们并不这样认为。

作为一家上市公司的创始人，佩奇和布林所表现出的这些慈善愿望与股东们的要求能够长期并存、融洽相处吗？

六、沉默的世界

谷歌对敏感信息的散布十分在意，尤其是那些与财务状况有关的信息和资讯，请记住谷歌有一条不可违背的严格纪律，那就是："沉默是金"。

沿着旧金山南部的高速公路顺势而下，就可以到达赫赫有名的硅谷。从20世纪70年代末开始，这个盆地就几乎成了高技术的代名词。谷歌的总部Googleplex就位于这里。

最初，它的总部只是位于山景城的一栋小楼，但紧接着就盖起了第二栋、第三栋。现在，Googleplex已经成为了一座拥有15栋办公楼的小城。在它的入口接待处摆放着一个地球仪，上面用灯光标明了世界上有信息搜索需求的地方。地球仪上只有一处地方是黑暗的：南美洲的阿马索尼亚地区。为了使这块地方也被照亮，谷歌甚至有可能为当地提供电力，从而使这一地区与世界连成一体。

为谷歌服务的员工，有一半左右都是工程师，这个庞大的团队有数千人之多。因此佩奇和布林一直希望将总部建设成为一个"为工程师设计的工作地点"，也就是一个真正的大学校园。他们的口号是：员工应该在这里感觉到十分惬意和舒适，愿意在这里工作。在这种理念的支撑下，他们不仅建成了绝无仅有的信息化办公大楼，而且还包括了运动场、餐厅、美发室、按摩房、幼儿园、游泳馆……谷歌法国公司总裁马特·卡尔杜内这样评价："一名合格的工程师完全可能在这里度过几个星期而毫不察觉时间的流逝"。

谷歌为吸引高素质的员工制作了一部电视宣传片。片子的开头，一位工程师反复夸耀公司迅速的反应能力，以及它在将创意转化为实际计划方面的高效率。然后，解说员的音调迅速变化，像推销广告片里一样开始展示一个家庭娱乐中心，每个环节都被毫无保留地展现出来，从丰盛的午餐选择到设备齐全的健身房。有孩子的员工也不用担心，他们年幼的孩子将由公司提供全天候的照顾，女员工也能感受到公司无微不至的关怀，从生孩子时收到的鲜花到为她专门更改的工作时间。这种条件优厚的工作环境似乎是引人入胜的，但要真正享受这一切，还需要带上一朵名为"谨慎"的小花。

2005年1月17日，马克·简成了谷歌的一名员工，在此之前，他已经在IBM公司完成了实习，并在微软公司工作了一年半。之所以选择谷歌，是因为他相信在这家致力于"干扰"技术开发的公司里能获得愉快的工作环境和发展前景。

到Googleplex的第一天，马克·简就领到了一个胸卡和一台笔记本式计算机，还有一个储物箱和些许的意外。整个上午，他只参加了一个介绍公司情况的宣传说明会，3个小时的会议甚至到了令他厌烦的程度。在当天剩余的时间里，他唯一能做的就是在公司内部局域网上浏览。

在马克·简创建的博客上，他写下了一些内心的真实想法："谷歌非常成功地将纷繁复杂的互联网搬到了自己的局域网上，不过幸运的是，它运用自己的搜索引擎从中过滤了某些信息”。[1]

上班的第二天，这位新员工参加了一个关于全球销售的研讨会。他不仅惊讶于谷歌所使用的高级设备，也叹服于谷歌提供的丰盛食物和饮料，“公司提供了许多福利，而且懂得如何营造气氛：免费的食物、开放的休闲吧、各种促销赠送活动[2]、滑雪日……他们拥有提供一切好东西的天赋”。

2005年1月21日，马克·简的博客文章标题就是：“佩奇和布林完全了解应该如何营造公司氛围”。他在文章里写道，星期四的安排是这样的，首先是一场介绍公司财务状况的说明会，其中包括对2004年度财务情况的回顾，说明会一结束，等待1 500名与会者的是一场盛大的庆祝活动。他们4～5人为一个小组，共有250组，接着他们拿到了详细的活动内容说明，随后一起出发参加由谷歌和当地警方联合举办的旧金山大巡游。旧金山的市民无不为街道上风度翩翩、斗志昂扬的“谷歌人”所折服。巡游队伍最后汇集到克特大楼，在这栋高楼上，可以欣赏到整个地区的景色。随后，由1 500人共同参加的晚宴为充满欢乐的一天画上了圆满的句号。

此后的一天，同样是快乐连连：简受邀参加公司的年度出游，到一个滑雪场游玩。公司员工一起乘坐到斯阔山谷的巴士，然后在那里滑雪一整天。当晚，同样安排了一个大型庆祝活动，这次的活动地点设置在一个停车场，原因是公司员工在过去的一年内人数翻番，没有酒店能够全部容纳。停车场里一共架设了五个帐篷，其中四个是按各自的主题布置的（包括加勒比风格、得克萨斯风格、流

---

① 99zeros. blogspot. com。

② 简使用的英文单词Swag，参考了与一个乐队有关的促销方式，使用T恤、张贴画以及海报等。

行风格和爵士风格），主帐篷里则提供了丰盛的、与这些主题相关的美食。

“我试图与每个帐篷里的人都谈几句，相互认识”，简说在那里他认识了不少人，其中有一些将和自己共事，“这是一个非常好的机会去认识那些未来的同事，不过这些人大都很酷，我仅仅和他们在震耳欲聋的音乐中聊了几句。我遇到的所有人都显得非常年轻，充满活力，我相信自己在这样团队中工作一定会十分快乐”。

快到22:00时，佩奇和布林出场介绍当晚的重量级乐手：他们的成名曲曾进入1980年金曲排行榜，来自旧金山的组合“摇滚童话”。随后，谷歌的员工们开始陆续步入舞池。

1月23日，星期天，马克·简终于有空在博客上写下自己的感受，同时再次提到了公司为员工提供的各种福利。他表现出了作为一个新员工的令人惊讶的直率：“我意识到这些福利是为了让我们节约更多的时间，以便更长久地停留在工作岗位上——这几乎是掩盖不住的事实。就拿免费的食物来说，每个员工一顿午餐最多花费3美元，一顿晚餐最多花费5美元，合起来一天就是8美元。但员工会因为得到这些而可能连半个小时的休息时间都没有，以及会因此而加班工作到很晚，从这里我们就能看出，公司从他们身上获得的利润远不止8美元”。

简还发现，这种管理模式为公司产生了非常好的宣传结果，而公司从这种良好形象中所获得的好处显然比员工多得多：“现在再来看一看其他的福利吧：医生、牙医、洗车……可以列举出的服务数不胜数，但它们有一个共同的特点：那就是每项服务都在你的身边，以便使你不要离开自己的工作岗位”。简承认这些福利都十分方便，但按照这种逻辑，谷歌完全应该为所有的员工提供住房啊！

于是简试着去比较谷歌的后勤保障服务与他在微软所享受到的服务。在这个问题上，显得他在微软的运气比较好："相对微软提供的福利，谷歌所提供的待遇相形见绌"。

到了下一个星期二，简已经不得不花费相当多的时间去完成工作，但他的博客评论再次继续："对于不了解情况的人而言，谷歌为那些希望住在旧金山的员工提供了非常好的福利保障：免费的交通车。在整个路途中，你都可以上网继续你的工作，因为公司在车上提供了高速无线网络服务"。

每辆交通车可以运送 50 名乘客，共有六辆车从早到晚来回穿梭。简之所以心情不太好，是因为那天早晨交通车被塞得满满的，他甚至被挤到了紧贴窗户的地方，而且无线网络接入服务也出现了故障。由于整个行程需要 1 个小时，再加上从家到交通车停靠点的时间，简花了 1 个小时 20 分钟才到达公司。但是不管如何，他还是认为为了能生活在旧金山值得这样奔波。

事情在 26 号，星期三的晚上变得复杂起来。在简午夜发表的以"Ooops"为标题的文章中，简对暂停其博客进行了道歉，并承认自己之前的言论不合时宜："我将一些本不该出现的东西张贴到了博客上。但没什么大不了的，他们并没有要求我撤销那些文章（包括我对公司进行批评的部分）。我发现谷歌对敏感信息的散布十分在意，尤其是那些与财务状况有关的信息和资讯，当然这完全可以理解。我当时的第一反应就是停止博客，但我还是选择了继续，因为我想让你们知道谷歌仍然是非常酷的。"

第二天，简在其博客上的言论则表现得温和了许多。他介绍了在谷歌作为 AdSense 项目（将广告关键词放置到其他网站上）合作负责人的工作，并且很高兴地就一个问题谈论了很长时间，那就是公司为其提供保障将20%的时间用于个人研究。

事实上，谷歌的每位员工都有权利在每周抽出一天用于自己选择的研究项目。这个安排与简“20%的时间”的表述是完全相符的。在这一天，工程师们可以组成小的组合，就某个创意进行研究，并且按照需求使用任何可用的设备或技术，在这篇文章中，简的语气依然十分兴奋。

6月28日，星期五，梦想破碎。简得到了被解雇的通知，而且起因就是他的博客：“这个消息对我是一个沉重的打击，因为就在两天前，我还检查了自己的博客，删除了所有不合适的文章——关于财务状况和未来产品的评论，而且从那天以后就没有再涉及过相关主题”。

这位转瞬间就从谷歌离职的年轻人坦言，自己对被解雇毫无怨言，反倒觉得增长了经验。但与此同时，他也承认自己意识到了博客的巨大影响力，并表示以后将会更加谨慎。

通过这一事件，马克·简才真正了解了谷歌一条不可违背的严格纪律：“沉默是金”。

七、神秘的公司

谷歌的沉默，这种对保守秘密的崇拜，已经成为了它的一种武器，成为了这家与众不同的公司的法宝之一。

“你见过比尔·盖茨吗?”

——“当然，你能想象我没见过比尔·盖茨就能够写一本与他有关的书吗？我见过他不下 20 次。他甚至为我的传记专门安排了一次两小时的会谈”。

这个问题，我在写作关于比尔·盖茨的书时有足够的信心回答，但对于谷歌，我无言以对。因为与写作别的书不同，我从未有机会与拉里·佩奇或塞吉·布林会面，原因不在于我没有尝试，而是因为我遇到了一堵沉默之墙，这在我的写作生涯中还是第一次。我向谷歌提出的所有采访申请都没有获得同意。最初，我与谷歌法国分部的一位公共关系负责人取得了联系，但她并没有给我提供什么实质性的帮助，只是表现出了不错的热情。由于要休产假，她将我介绍给了她的同事：贝特朗。

后者的办事风格十分简单：她总是表态无法回应任何申请。最后，直到我给谷歌法国分部老总马特·卡尔杜内发了一封措词激烈的信后（我甚至直接将电话打到了他的家里，以至于引起了他夫人的愤怒)，我才最终能够有机会与他们两位共进午餐。但是正是在这次午餐中，贝特朗明确地告诉我与佩奇和布林会面几乎是不可能的。

经过艰苦的努力，在我的一再坚持下我终于获得了到加利福尼亚山景城谷歌总部进行采访的机会。我再三告诉自己，一旦到了那里，与佩奇和布林会面的可能性就会大大增加，期间还有一家男性杂志社与我并肩战斗，然而几个星期之后，我再次遭到了拒绝。

与此同时，我很惊讶地意识到，我去信联系的所有谷歌员工没有一个人给我回复。而且，塞吉·布林的父亲也是以令人绝望的沉默来回应我的请求。迈克尔·莫瑞茨，这位来自谷歌主要投资方——红杉资本投资基金的先生，也没有给我任何积极的回应，这就是最终的结局。

通常情况下，谷歌根本不给予采访请求任何答复。如果你最终有幸找到一位接待人员，答复也往往是“不”。例如一位名叫高卢歇的员工就直截了当地说：“走吧，没有什么可看的！”

是什么原因导致一家公司拒绝接受采访呢？它又能从自己建立起的沉默之墙中获得什么呢，哪怕冒险被人认为态度傲慢？为什么谷歌的领导者选择在长达两三年的时间内始终坚持表达尽可能少的意见？而它的竞争对手诸如史蒂夫·鲍尔默（微软公司）、史蒂夫·乔布斯（苹果公司）以及迈克尔·戴尔（戴尔公司）的表现则恰恰相反，他们总是像知名记者一样，时刻准备就某一事件发表自己的看法。

我还意识到，其他的记者，甚至包括那些杰出的美国同行，也遇到了相同的问题。正如《华盛顿邮报》的戴维·维斯所说：“我曾经发现谷歌可能准备对我说些什么，结果却完全不是我希望的那样！”

我花了相当长的时间才明白，这种令人疯狂的沉默实际上是谷歌的一种武器。

谷歌建立了一种了不起的赢利模式，而这种模式是它借鉴了另一家名为 Overture 的公司的创意，这种运营方式为它创造了丰厚的利润。因此，谷歌当然会担心比尔·盖茨、史蒂夫·乔布斯，以及雅虎、亚马逊、eBay 甚至是英特尔和戴尔等公司的老板会从它这里获得灵感。

谷歌尤其担心的是各种流言蜚语，使人相信它会挤垮微软和雅虎，会控制互联网，会以低价出售计算机而抢占康柏和戴尔的市场份额，甚至会与另一家大公司合作而垄断市场。

佩奇和布林是绝顶聪明的，他们当然不会有"卑鄙天才儿童"的不良品德，但他们很可能会因为看到竞争者在惴惴不安中猜测谷歌的下步行动而暗自得意。

谷歌的沉默，这种对保守秘密的崇拜，已经成为了它的一种武器，成为了这家与众不同的公司的法宝之一。

我们将慢慢揭开这家公司的历史……

第二部分　历史上最能赚钱的公司是如何建立的

一、这两个小伙子是谁

布林十分热情，总是笑容满面，活力四射，而且没有一点架子，有时甚至有些古灵精怪……他对不断增加的新工作内容有着近乎疯狂的热情。而对温和可亲的佩奇而言，最大的乐趣就是不断发现和解决新问题，他是那么的喜欢接受挑战。

塞吉·布林已经30有余，但他总是显出一副酷酷的样子，和大部分年轻人一样，他似乎天生就适合那身加利福尼亚小伙子的装扮，牛仔裤和短袖T恤总是能显出他的运动体质。圆脸、消瘦、长鼻子，外加一头乌黑浓密的短发，这就是塞吉·布林的真实写照。

布林十分热情，总是笑容满面，活力四射，而且没有一点架子，有时甚至有些古灵精怪……他对不断增加的新工作内容有着近乎疯狂的热情。冷静、自信的他没有一丝傲慢，无论什么时候，他都不会显出一本正经的样子，而且他总是不会错过任何一个开玩笑的机会。

布林是谷歌的领航员，就像史蒂夫·乔布斯对于苹果公司和比尔·盖茨对于微软公司一样。与后两位领导人相同，布林精力充沛、思绪活跃、智慧超群，同时又非常容易相处。布林与后两位天才的对比还不仅限于此，如果乔布斯和盖茨在20世纪80年代能继续他们的学生生涯，那么毫无疑问布林肯定会取代他们现在的位置。

出生于莫斯科的塞吉·米哈伊洛维奇·布林1973年8月降生在前苏联的一个犹太家庭，虽然一直受到排犹太主义的影响，布林一家仍然试图和其他同胞一样报效祖国。1921年，当时在芝加哥大学学习微生物学的布林的外祖母本可以选择在美国定居，但她却最终选择了回到莫斯科，投身到社会主义建设事业中。

塞吉·布林的父亲是一位经济学家和数学家，他的爷爷则是一位数学老师，这种遗传似乎注定布林会萌发对数字和方程式的热爱。

然而布林的家庭受到了排犹太主义的残酷影响。塞吉·布林的父亲迈克尔因此不得不眼睁睁地看着自己的梦想——成为一名天文学家——化为泡影，尽管他拥有非常优秀的成绩。莫斯科国立大学物理系拒绝录取所有来自犹太家庭的学生，态度生硬而坚决。因为党的领导者认为，在一个与核导弹同样敏感的领域，不可能信任这种出身的人。经过艰苦的努力，迈克尔选择了数学专业，并最终获得了博士学位，成为了一家国有企业的经济专家，过上了不错的日子。尽管一家人衣食无忧，但时不时仍然会受到邻居和陌生人的嘲讽与非议。

1977年，迈克尔·布林参加了一次数学领域的国际研讨会，在此期间他结识了不少欧洲和美国同行。与这些同行的一系列交流使他十分震惊：无论是在专业研究还是家庭生活方面，西方都能够给他提供更好的环境。

回家后，迈克尔向妻子尤金妮娅和4岁的儿子宣布，他准备离开苏联。妻子对此十分震惊，因为尽管当时他们仍然受到排挤，但毕竟已经过上了比较舒适安定的生活。

从开始申请签证的那一刻起，迈克尔·布林就眼睁睁地看着自己的日常生活一步步陷入困境。他很快就遭到了解雇，他的妻子随后也失去了工作，但她仍然坚定地支持丈夫的选择。

离开苏联并不是一件简单的事情。为了避免犹太知识分子大规模逃向自由世界，列昂尼德·勃列日涅夫当局决定施行“文凭税”，即向所有准备出国的人员征税，税额相当于20年的工资收入。由于这项规定带有明显的歧视性，21位诺贝尔奖获得者联合发起了一项声明，谴责这种“极度侵犯人权的行为”。1974年，两位美国国会议员，民主党的亨利·杰克逊和查尔斯·瓦尼克提出了一项至今还十分著名的法律草案：对于那些限制移民离境的国家，应该在经贸关系上给予制裁。这项于1975年1月3日获得通过的草案解救了布林一家。他们最终于1979年使用被称为“杰克逊·瓦尼克”的签证离开了苏联。当时，塞吉只有6岁。

踏上新的国土后，迈克尔·布林很快凭借其在数学方面的才干获得了马里兰大学教师的职位，而尤金妮娅·布林则被美国国家航空航天局录用，任职于哥达德航天飞行中心。

一位曾在马里兰大学就读的学生菲利普·苏这样描述迈克尔·布林：他是一位优秀的教师，而且有着一流的口才，但是对学生要求相当严格。他习惯在每次上课前给学生出一道非常难的题目，让学生思考，然后他利用这段时间享受一根香烟。这位布林老师对于那些稍稍落后的学生，很少表现出宽容，因此几乎一半的学生都会在第一个学期之后逃离他的课堂。他甚至被拿来和电影《全金属外壳》中的教官进行比较。

迈克尔·布林对于启发式教育十分重视，因此他将儿子送到了一所实验学校——蒙特梭利小学。9岁生日那一天，塞吉收到的生日礼物是一台Commodore64型计算机。不久之后，他用计算机完成的作业就令一位老师震惊不已，毕竟在那个年代家用计算机还非常之少。

尽管周围的人仍然按照犹太教义进食，而且定期到犹太教堂礼拜，但布林一家从未刻意去参加宗教活动。父母对布林的宗教信仰教育也十分有限，他曾在一家犹太学校上过几次课，但很快就因为不感兴趣而退学。11 岁的时候，塞吉第一次出国去了以色列，在基布兹的参观给他留下了非常深刻的印象，以至于长大后塞吉一直对犹太教逾越节怀有深深的感情，至今在谷歌各分部每年都会有当地的信徒一起庆祝这个节日。

青少年时代，塞吉·布林先后就读于马里兰州的阿德尔菲·蒙特梭利初中和埃利诺·罗斯福高中，后者是一所建于 1976 年的公立学校，有着厚厚的、没有一扇窗户的校园围墙。许多塞吉小时候的同学都记得当时的塞吉总是为自己的聪明感到骄傲和自豪，有时候塞吉·布林甚至能给数学老师指出并纠正错误。与此同时，这种对于智力比赛的热爱并没有妨碍他喜欢上体操和游泳等体育运动。

塞吉 1990 年从埃利诺·罗斯福高中毕业，同年 9 月，这位天才进入马里兰大学，开始学习计算机和数学。1993 年 5 月，在他 19 岁时，他就以优异的成绩取得了学士学位。随后他获得奖学金并向斯坦福大学提出了攻读硕士学位的申请。1995 年 8 月，他取得了硕士学位，仅仅一个月之后，他未来的同伴拉里·佩奇也来到了这里。随后，塞吉开始进行他的博士研究。

脸庞圆圆的佩奇完全是一副乖孩子的模样，比起同伴塞吉，佩奇显得较为成熟，尽管他只比塞吉大了几个月，劳伦斯·E·佩奇 1973 年 3 月 26 日出生于美国密歇根州的安阿伯市。

佩奇比较内向，甚至可以称为腼腆。与其他的计算机或媒体公司的总经理，诸如苹果公司的史蒂夫·乔布斯和维珍公司的理查德·布兰森等人不同的是，佩奇并不具备那种风云人物所特有的魅力，而他似乎对此也并不在意。

与布林完全一样的是，佩奇也非常喜欢开玩笑。例如，2006 年 1 月在 CES[①] 上致辞时，他就开了一个玩笑，发布了关于“谷歌快餐”的假消息：在一辆计算机控制的汽车上的菜单点餐后，这辆车就能自动将你迅速地送到最近的餐馆。

对温和可亲的佩奇而言，最大的乐趣就是不断发现和解决新问题。他是那么的喜欢接受挑战。佩奇既是工程师又是数学家，正是他创建了谷歌搜索引擎的程序和算法[②]。

劳伦斯·佩奇的父亲卡尔·维克多·佩奇，曾是密歇根大学计算机和人工智能领域的先驱，也是第一批从这所大学计算机专业毕业的人——他于 1960 年在那里获得了学士学位——五年后又获得了博士学位。

卡尔·佩奇是一个狂热的技术爱好者，他坚定地认为激烈的辩论是促进友谊发展的沃土，更是推动科学进步和其他事物前进的原动力。正如密歇根大学计算机专业教师乔治·斯托克曼曾在一本亚洲杂志[③]上发表的文章中所描述的那样，卡尔·佩奇不是一位容易相处的同事，“似乎不大可能与他建立关系，因为他总是试图推翻一切，在这方面，他的儿子与他有着相似之处，他们经常喜欢在一起讨论问题”。

---

① 消费电子展，每年举行的新型大众消费电子产品展览会。

② 算法：信息学中解决某个问题的运算方法（来源：《微型计算机词汇》，康匹斯出版社，2006 年出版）。

③ 《电子新闻报》，新加坡出版社，2004 年 5 月 6 日版。

被父母爱称为拉里的佩奇是在计算机的陪伴下长大的。1978年，佩奇只有5岁的时候，卡尔·佩奇就给儿子买了一台家用计算机，等到佩奇6岁的时候，他已经深深爱上了这种机器。在进入东蓝辛中学前，他就已经在乐高玩具的基础上设计出了一台喷墨打印机。

卡尔·佩奇妻子格洛里亚是一名计算机老师，对科学技术有着同样的热情，但作为犹太教信徒，她对宗教信仰并没有给予过多的关注。与此不同的是，她的父亲曾是第一批前往以色列的移民，致力于改造当时已是荒漠的阿拉德城的生存环境，或许佩奇也在某种程度上继承了这种理想主义信念。

与塞吉·布林一样，拉里·佩奇很早就开始接受蒙特梭利教学法教育。在美国广播公司电视台的一次电视节目“2004年度十大魅力人物”中，佩奇和布林曾坦言，蒙特梭利教学法是他们获得成功的关键所在，甚至超过了他们都是教师子弟这一因素，因为他们从这种教学法中学会了独立和自主。

1995年，怀着对计算机尖端技术的热爱，佩奇进入了斯坦福大学。他的家人并不希望他成为企业家，因此，对于他的这种专业选择，他们非常支持。佩奇是当年9月进入斯坦福大学的，但仅仅6个月之后，他的父亲因肺病不幸去世。

受到父亲去世这一噩耗的沉重打击，佩奇决定去哥哥卡尔·杰那里寻求安慰。他哥哥就住在硅谷，当时正雄心勃勃地投入到网络新经济中。在哥哥那里，一个略显疯狂的计划吸引了佩奇的全部注意。

二、知己密友

惊讶于佩奇的创意和计划的布林很快参与其中，并开始为这项计划毫无保留地奉献自己的力量。

1996年1月30日，斯坦福大学的盖茨计算机科学大楼正式启用。这栋三层高的豪华大楼，外墙以白色大理石装饰，配有气派的大窗户和圆形拱门，坐落于一个圆形大喷泉对面，这座宏伟的建筑将用于尖端计算机技术的研究。比尔·盖茨的大名之所以能铭刻在大楼前的大理石石碑上，是因为这位富可敌国的微软创始人在1992年向斯坦福大学捐款600万美元，以建设这栋致力于开发计算机新技术的大楼。

斯坦福大学计算机系建立于1965年，经过多年的发展，这里已经成为了汇集众多创新和发明的技术殿堂。正是在这里，温顿·科夫和鲍博·卡恩于1974年提出了奠定互联网发展基础的TCP协议①。在此之前的1967年，约翰·乔岭也是在这里实现了“FM合成法”，雅马哈公司后来取得了这项合成声波程序的专利，并以此开发出了著名的DX-7电子琴。1969年，维克多·沙因曼在这里发明了一个电动机械手臂，这就是世界闻名的、能够沿六条不同的轴线

① 协议：两台计算机交换信息所需要遵守的具体规则集合。

进行运动的斯坦福机械臂。10年后的1979年，也正是在这个计算机系，汉斯·莫拉维克发明了能在户外运行的移动机器人。这位略显古怪的研究员也成了世界是最伟大的机器人专家之一。斯坦福大学计算机系毕业的学生中，应该被提及的还有太阳公司的创始人斯科特·麦克尼利和比尔·乔伊，以及思科公司的创始人比尔·依格和莱昂纳多·博萨卡。

1996年1月底，两位刚刚从斯坦福大学毕业的学生占据了各大报刊的头条，他们就是年仅28岁的大卫·费罗以及刚刚30出头的杨致远。1994年，这两个年轻人利用空闲时间建设了一个索引网站，并为之取名雅虎。由于当时Toile网站已经收集了数千个网站，有机会使用雅虎这样一个索引网站完全就像是赢得意外收获一样，因为雅虎允许使用者根据关键词（例如“橄榄球”、“凯特·摩丝”、“邮票”……）进行搜索然后获得一个网站清单。

1994年8月，雅虎得到了《华尔街日报》的肯定和赞赏。到1995年2月，这个索引网站已经储存了超过926 000个日常链接，打破了过去的记录。两个月后，大卫·费罗和杨致远决定将他们的业余消遣活动发展成为公司。他们有一个伟大的想法，那就是免费使用雅虎，但会在索引页上放置广告。众多大品牌都被这一难得的机会所吸引，因为这种广告能使他们的品牌被数以百万计的访问者所注意。这种雅虎模式显示出了足够的魅力，吸引了大笔的投资，而这家年轻的公司亦开始准备上市。

与此同时，斯坦福大学计算机系出现了两位非常与众不同的学生，而且两人都在数学方面都有着非同一般的天赋。

1995年春天，当塞吉·布林带领一帮学生参观校园时，他已经在斯坦福大学学习了两年，正在攻读计算机专业硕士学位。而拉里·佩奇，就是那些被带领的学生之一，这位来自密歇根的乡下学生还没有完全适应新的环境，他正在参观阳光明媚的大学校园，欣赏全美国最著名的地区之一——加利福尼亚的美景。在参观过程中，佩奇和布林简单地互相介绍，认识了对方。

1995年暑假过后，塞吉·布林已经拿到了硕士学位，正在着手进行更高层次的研究，而拉里·佩奇也在同年进入了斯坦福大学。这样两个年轻人又碰到了一起，并且很快找到了共同的爱好：思辨和讨论问题。1995年12月，他们与其他同学一起搬进了计算机系的新大楼，次年1月30日，他们又共同参加了新大楼的落成仪式。当天，比尔·盖茨也出席了这栋以他名字命名的大楼的开幕典礼。

比尔·盖茨当时肯定没有意识到，历史的风向标已经发生了变化，指向了与微软不同的方向，而在台下坐着的两位天才将加速这种变化。

当计算机系主任带领这位慷慨的资助者——比尔·盖茨先生参观大楼时，塞吉·布林正好就在现场。比尔·盖茨当时提了一个非常普通的问题："他们的计算机使用什么操作系统？"

有些尴尬的主任给了一个外交口吻十足的回答："我们使用各种不同的操作系统"。

布林忍不住暗自笑了起来，他十分清楚地知道，斯坦福大学用于计算机技术研究的计算机全部使用一种操作系统：Linux。这种由芬兰人李纳斯·托沃兹编写的操作系统程序是完全免费的。当时，这种操作系统已经显示出了作为Windows系统前所未有的竞争者的态势。它得到了使用者的广泛认可，大家认为它更稳定、更可靠，而且更安全。但李纳斯·托沃兹却认为是免费的策略使Linux具有了更好的性能：这套程序得到了成千上万志愿者的完善和修改。和托沃兹一样，这些人都曾为了程序的某个部分连续工作几个小时甚至更长时间。

“由于这套程序是免费的，我们不需要承受压力，不需要在没有完全调试好之前为了达到某个销售额度而提前发布它”，托沃兹这样解释，“Linux 的每个版本都只会在真正完成全部调试后才会宣布结束测试，这就是这套操作系统如此牢固可靠的原因所在[①]。”

在盖茨计算机科学大楼的开幕式上，斯坦福大学的校长杰拉德·卡斯帕尔意识到比尔·盖茨并不是斯坦福大学的毕业生。为此他还发表了一段幽默的讲话：“至少，盖茨有足够的智慧选择提前结束他在哈佛大学的学业！”。比尔·盖茨则回应说：“我希望为这一领域的未来进行投资，而斯坦福大学是全美国拥有计算机学院的大学中最优秀的五所之一”。

斯坦福大学工程学院院长詹姆斯·吉本斯当日发表了一篇带有预见性的讲话：“我想要预言的是，在未来的 18 个月里，将会有某些特别的事情在这里发生。在这里的某个地方、某个办公室或者某个角落，有人会竖起拇指说，‘是的，就在这里，1996 到 1997 年我们就在这里为了这个伟大的计划而努力工作！’他们将会发现这是一项了不起的计划，全世界都将为之震惊……”。詹姆斯·吉本斯在 1 月 30 日所说的这段话，惊人地变成了现实。

尽管塞吉·布林在盖茨计算机科学大楼的一翼有属于自己的 3B 号办公室，但他的大部分时间都是在一间房号为 360 的公寓里度过的，这间公寓就是佩奇与另外 4 个同学合住的地方。这 4 个学生分别是：肖恩·安德森、卢卡斯·佩雷拉、本·朱以及一位女生塔玛

---

① 罗贝尔·X·科林吉里，《作战到底》，1998 年 9 月 10 日出版。

拉·芒兹纳。

当时布林正在专心研究 data mining 技术。这种名为“数据探测”的技术主要用于分析大量信息数据中可能存在的倾向性与相互关系。很快他就发现，他的研究可以与当时佩奇正在进行的搜索引擎研究相互补充。

雅虎的成功显示出公众对于网页索引目录的浓厚兴趣，类似的服务网站诸如 Infoseek、Lycos 如雨后春笋般迅速发展，但这些索引目录都有着比较大的局限性：对于网站地址收集的自动化程度不高，必须由人工操作。

1995 年夏天，深感必须实现搜索自动化的 Digital 电脑公司在其位于加利福尼亚的帕罗奥多实验室开始了一项研究计划。在一位法国人路易·莫尼耶的带领下，负责这项研究的团队开始着手建立一个网络“检索引擎”。

在来自斯坦福大学的工程师保罗·佛拉哈迪[①]的帮助和其他程序员的参与下，莫尼耶编写了一个名为“机器人”的程序，用于进行网络搜索。每个网页都被送到帕罗奥多实验，利用该程序进行逐字逐句的分析研究。在此基础上，Digital 公司建立了一个索引。

1995 年秋天，经过两个月的测试，“机器人”搜索器已经将 1 600 万张网页编入了分类目录，并由此建立了网络上最大的索引目录。与此同时，路易·莫尼耶的团队也开发了一个可以从目录中迅速找到某个信息的程序，他们给程序命名为 AltaVista。于是网络上史无前例地出现了一项新的服务：“搜索引擎”。

12 月 15 日，AltaVista 开始向大众开放。经过 3 个星期的试用，

① 保罗·佛拉哈迪于 2006 年 3 月 6 日去世。

历史上第一个搜索引擎平均每天处理200万次搜索请求，而且这是在完全没有进行任何广告宣传下获得的成绩。如此巨大的成功在很大程度上要归功于它的迅速反应能力：AltaVista能够在不到一秒钟内给出搜索结果。

然而，AltaVista在搜索质量方面还存在不足，因为它对网页的分类是以某一关键词的出现次数为基础的。例如，某个介绍维克多·雨果大街比萨饼店的网页由于在网上多次张贴了它的地址，相对于某篇介绍维克多·雨果作品的文章，前者就将获得更优先的分类。但是拉里·佩奇相信，真正的搜索引擎应该做得比这更好。

1996年1月，这位来自密歇根的小伙子决定进行一次大规模试验。他雄心勃勃地计划下载全部网络数据，而这只是整个试验的第一步。那么下载需要多长时间呢？最多一个星期，这位天不怕地不怕的年轻学生当时想。

“这完全是痴人说梦……”

这就是雅虎创始人杨致远在接受《都市日报》[①] 杂志记者采访时，对Digital公司开展AltaVista研究项目的评价，而当时该项目的研究工作正处于一帆风顺的阶段。不过面对记者的提问，他立刻又加了一个语气相对缓和的问题：“您试用过这个搜索引擎吗？”

杨致远当时曾经将AltaVista和雅虎进行过比较，后者给出的结果的确相对较少，但却更加准确。“使用AltaVista，你会找出一堆你其实并不需要的东西，而这还是在目前的网络规模下。网络再经过5～10年的扩大和发展，这种方式的搜索结果将会是多么庞大！难道网民愿意浏览完所有的网页才最终找到他真正需要的信息吗？

---

① 《都市日报》1996年4月11日版。

而且当网络上的数据量比现在增长百倍、千倍的时候，又需要多少台计算机来储存所有的数据呢?”

这是在1996年4月，雅虎上市前夕杨致远所发表的看法。他无疑切中了网络信息搜索的两大技术难题，从数据储存的容量来看，搜索结果的准确性已经成了至关重要的因素。

AltaVista对于某一次搜索请求可以给出成千上万的结果，但它与HotBot以及其他新出现的竞争对手一样，搜索结果的质量不高。当这一论断得到证实时，佩奇和布林显得十分狼狈。例如对关键词“比尔·克林顿”进行搜索的结果可能会链接到一个写着“比尔·克林顿无能!”标语并配有总统照片的网页。而另一个搜索引擎给出的第一个搜索结果可能是“比尔·克林顿：今天的谎言”。没有任何一个搜索引擎能够对搜索结果进行准确科学的分类排序，而理想的情况是搜索引擎应该自动将介绍总统个人生涯的网站或者白宫的官方网站排在搜索结果的最前面。对此，喜欢说笑的布林是这样评价的：“人人生来平等，但我们却不能因此说所有网站也是平等的!”

幸好当时的网站还不是很多，搜索质量还在可以承受的范围内，但随着时间的推移，网站将以百万数量级迅速增长。

1996年4月12日，雅虎在科技股二级市场纳斯达克成功上市。凭借各自拥有的占这家新公司17%的股份，杨致远和大卫·费罗一夜之间成了坐拥百万美元身家的超级富翁。这已经是第二家诞生于网络的公司在纳斯达克募集到如此大规模的资金，这种现象很快就产生了一个新的名词——“网络经济”。1996年，雅虎的营业额是令人极度羡慕的：2 100万美元——是上一年度的14倍。

尽管搜索结果还不能令人完全满意，但AltaVista仍然在网民中赢得了广泛的知名度。当时AltaVista每天处理的搜索请求已经达到了 800～1 100 万次，与此同时，它的搜索机器人程序每天都会搜索探测 250 万张网页，以不断更新其庞大的索引目录。佩奇和布林则接受并确立了一种新的研究方式：对他们而言，10 个准确的搜索结果远远比数千个随机产生的链接更有用。

他们研究了许多探讨数据恢复的学术著作，但结果却十分令人失望：所有著作都是对同一类信息数据集合进行研究，而对于一个像互联网这样内容广泛的多媒体数据集合，这些研究成果都无法适用。1996 年 11 月，在马里兰州举行的一次研讨会上，出现了一种文字搜索程序——TREC，它可以应用在 20 千兆的数据上。但是当佩奇和布林对 TREC 进行测试后他们发现，在面对网络的海量数据时，TREC 显得完全力不从心。

佩奇的一位老师赫克托·加西亚·莫利纳对于这个问题有自己的看法：应该考虑链接系统。事实上，佩奇也承认，如果能够统计出某个网页被其他网站引用的次数，就能够从主观上对这个网页的价值进行评价。但这还不够，还必须对这些链接进行分析处理，被诸如雅虎、微软等网站引用显然比被某个不知名的网站引用分量重得多，随后佩奇的这种逻辑推理逐渐成形。惊讶于佩奇的创意和计划的布林很快参与其中，并开始为这项计划毫无保留地奉献自己的力量。

前面已经提及，佩奇正在试图将全部网络数据下载到斯坦福大学用于研究的计算机中，然而他预计只需要一个星期就能结束的工作在进行了整整一年后还远远没有完成。但这种超出现实的乐观主义也是有好处的：佩奇筹划了一个大部分人想都不敢想的伟大计划……

三、PageRank

PageRank 的算法是以直接关联性为基础的，最关键的因素在于，这种算法能够快速准确地判断网页和所查询内容之间的关联性。

在网民眼里，什么信息对他们来说是有用的？怎样才能知道这些信息在哪里？如何将这些良莠不齐的信息进行区分呢？为了弄清楚这些问题，布林花费了很长时间进行分析，研究互联网的架构和内在联系。最终他确定以人们相互传递信息的方式来对比研究互联网的内在联系规律。

佩奇和布林两人一道运用各种复杂的数学公式来解决以上问题。经过几个月的研究他们发现，这些数学公式还要考虑越来越多的因素，他们为这个公式集合取了一个名字：PageRank（字面翻译：网页等级排名）。这个名字不仅源于其创始人之一拉里·佩奇（Larry Page）的名字，它还表明了搜索引擎的算法：网页会按照此算法自动排序，而搜索结果也会按照这一顺序进行排列。换言之，PageRank 的算法是以直接关联性为基础的，最关键的因素在于，这种算法能够快速准确地判断网页和所查询内容之间的关联性。

最早对 PageRank 的试验是从 1997 年初开始的，其结果令人满意。当我们输入某个关键字——“莎朗·斯通”、“足球”或“IBM”，显示在搜索结果首位的网页和我们所要查询的内容是基本一致的。正因为如此，在 PageRank 上进行搜索要比在 AltaVista、Lycos 或 HotBot 上有效的多。

现在的工作是需要给这个新搜索引擎起一个响亮的名字。佩奇和布林首先想到的是“BackRub”（反向链接），因为其搜索引擎的排序方法部分依据的是互联网“反向关系链”，也就是和某个网址相关的关系链数量。

另一个由研究团队想出的名字，很容易让我们联想到互联网信息量无穷无尽的特点，同样也能表现出挑战极限的能力。这个名字最初叫“Googol”，意思是 10 的 100 次方，即数字 1 后跟 100 个零。1920 年，一位名叫米尔顿·塞勒塔的 9 岁小男孩在他叔叔——数学家爱德华·凯斯纳向他提问时创造了这个单词。1938 年，这个单词在凯斯纳的《数学与想象力》一文中第一次出现。在以后的数学教程中就用“googol”这个词来表示难以理解的数量——尽管这个数量是有限的，例如宇宙中的亚原子粒数量，或棋局中想象得到的步数。在“googol”的基础上还出现了另一个单词“googolplex”，用以表示更庞大的数量，因为它代表 10 的“googol”次方。

斯坦福大学信息部的一位研究员大卫·科勒透露，“google”这个名字是 1997 年 9 月份的一次“集体研讨会”上大家讨论提出的，当时参加讨论的包括：拉里·佩奇、他的同事肖恩·安德森、塔玛拉·芒兹纳、卢卡斯·佩雷拉，以及其他研究员。他讲道：“肖恩和拉里站在办公室的白色写字板前，想找出一个合适的名称表达无穷的数量，肖恩建议用‘googolplex’，而拉里则认为用其缩略词‘googol’要好一些。随后，肖恩坐在计算机前，在域名注册登记里进行查询，确保所选择的名字可以被使用。然而，不擅长拼写的肖恩犯了一个错误，他实际输入的是‘google. com’，结果显示这个名称可以被使用。对于这个因失误而产生的名字，拉里十分喜欢，于是在接下来的几个小时里，他们为这个名字进行了注册登记。”

1997年9月15日，“google. com”正式注册。

在斯坦福大学，谷歌很快就引起了大家的兴趣，全校师生在谷歌上的搜索量很快达到了每天10 000条。佩奇和布林很快就意识到，如果他们想走在别人前面，满足全校师生的搜索需求，就需要更多的计算机。但佩奇发现，那么多计算机长时间运行时，其部件会经常出现问题。为了解决这一问题，他开发了一套复杂的平行处理系统程序，保证当一台计算机出现故障时，另一台计算机能够即时替补上阵。此外，为了提高排除计算机故障的效率，他还创造性地用魔术贴将服务器的各个部件固定在软木板上，方便拆卸。虽然这些做法显得有点像手工作坊，但它的实际效果却非常显著。

鉴于史蒂夫·乔布斯和斯蒂芬·沃兹尼克也曾劝说惠普公司制造他们所设想的Apple2型计算机，佩奇和布林也希望将他们的技术出售。十分幸运的是，斯坦福大学就有负责和公司进行联系，出售学院内部研究成果的OTL（技术专利部），而且该专利部还持有数十个高科技公司的股份。

雅虎的创始人之一大卫·费罗曾就读于斯坦福大学，因此和他联系是水到渠成，不同于好友杨致远热情开放的性格，32岁的费罗是个腼腆谨慎的小伙子。即便雅虎和网景当时已经成为互联网上最有名气的两家公司，费罗仍然保持着简单开朗的作风。在雅虎创业的最初阶段，他曾以强迫自己遵守严格的制度而著称，为了工作，他甚至经常在办公室的地板上睡觉。

费罗对谷歌并非不感兴趣，因为谷歌提供的服务可以对雅虎的索引目录进行补充。然而，互联网上的新式服务层出不穷，搜索引擎这一概念在当时已经逐渐失去了吸引力，这也减少了雅虎这个互联网领头羊收购谷歌的欲望。在随后的日子里，所有网站都和雅虎一样，将注意力集中到了“门户网站”上。

关注“门户网站”这一创意的原因何在呢？互联网上的主要收入都来源于广告——互联网上几乎所有可以查阅的网页都是免费的。这种模式并不是网络的首创，广播电台已经运用了这种模式，而且在一定程度上，电视也是这样做的。然而，互联网上有数以百万计的网页，其网页的所有人最关心的问题就是他们的网页能否被尽可能多的人访问。于是，网页点击率成了吸引广告客户的主要因素，而能够尽可能避免用户分散注意力的“门户网站”也由此而生。

当一个用户接入互联网时，就会出现一个被称为“入口大门”的默认首页。对于大多数网民而言，首页通常是诸如AltaVista这样的搜索引擎或者像雅虎这样的索引目录网站，当然，也有其他上网者选择将信息网站、气象网站等设置为首页。

“门户网站”就是所有这些内容的集合。在堆砌得满满当当的页面里，人们可以找到当天的报纸杂志、一周之中的热点事件、股市行情、体育比赛结果、幽默笑话、彩票中奖号码，甚至还有占星算卦。这些“门户网站”的主页显得过于拥挤，但它们的作用明显，每天都将网民引向各种他们感兴趣的页面。更关键的是，可以吸引网民尽可能长久地在这个“门户网站”中浏览，看到更多的广告。

当时访问量最大的网站雅虎适时作出了建设“门户网站”的抉择：它的创始人决定对雅虎的主页进行改版，使它具有“门户网站”的功能，包括新闻、股市行情等等。美国在线、微软的MSN，以及其他网站也相继选择了相同的道路。

大卫·费罗拒绝了佩奇和布林向其出售谷歌的提议，而是建议不断完善他们的技术，并充分发挥技术优势的商业价值。但是费罗并没有将大门完全关死，他对佩奇和布林说："到时候我们再谈"。

费罗的建议相当重要，在还未上市之前，雅虎曾小心翼翼地调整发展战略，甚至拒绝了美国在线和网景公司诱人的收购条件，以保持公司的独立性，这一做法最终使雅虎取得了成功。然而，谷歌的两位年轻创始人当时还有些不明就里，他们认为自己还是学生，而且准备安心学习直到获得博士学位。斯坦福大学的学生生活是舒适惬意的，没有什么促使他们过早的离开校园。简而言之，他们全然没有雄心壮志追随费罗选择的道路，费罗为了创建公司而放弃了自己的学业——确切地说，这位雅虎的联合创始人至今仍然是没有毕业的斯坦福大学学生。

在无法引起雅虎的收购兴趣之后，佩奇和布林开始向其他搜索引擎公司进行自我推销。这一次，他们的目标是经营 AltaVista 的 Digital 电脑公司。1998 年 3 月，佩奇和布林在帕罗奥多的一家餐厅会见了保罗·佛拉哈迪。

然而，选择在这个时间会面似乎并不十分合适。因为就在同年的 1 月 26 日，康柏公司刚刚收购了 Digital 电脑公司，并且在业界产生了极大的反响：这是信息产业领域历史上最重要的收购案之一。随后 Digital 电脑公司不可避免地要进行企业重组，在此背景下，公司根本不可能支持任何收购其他服务项目的提议。很快，佩奇和布林再一次得到了否定的答复。

随后，他们又与包括 Excite 在内的几家知名公司进行了联系，但所有公司都拒绝了他们的提议。不过，仍然有几家在互联网热潮中诞生的新兴公司对他们表现出了兴趣，其中一家公司甚至还开出了不错的收购价格，但是佩奇和布林认为这个出价太少，不值得卖出谷歌。由于没有找到合适的买主，他们决定像费罗建议的那样，大幅度提升技术水平，并保持对技术和公司的掌控权。

然而，佩奇和布林还需要抛开互联网专家们提出的反对意见，因为后者认为网络对于高效搜索引擎的需求并不是那么重要。一位从事网络搜索服务的人士甚至向布林表示，他们给出的搜索结果只要达到竞争对手的80%就已经完全足够了。然而，佩奇和布林却坚信，希望获得满意答案的用户会要求搜索引擎又快又好地给出搜索结果。

1998 年 4 月 14～18 日，在澳大利亚布里斯班举办的第七届互联网国际会议上，佩奇和布林和其他研究学者一道展示了各自的研究成果。为此，他们撰写了一篇题为《大型网络搜索引擎解析》的论文，并由斯坦福大学计算机系出版。

在论文中，佩奇和布林描述了谷歌的模型——一个覆盖 8 千万张网页、储存了 147 千兆数据的搜索引擎。他们还特地展示了谷歌核心的 PageRank 算法："如果很多网站都有指向某个网页的链接，或者拥有此链接的网站本身 PageRank 排名较高，那么这个网页就能获得较高的 PageRank 排名。直观地说，就是那些经常被其他网站引用和链接的网页更值得被访问。另一方面，如果这个网页没有被其他网站引用，却被诸如雅虎之类的知名网站链接过一次，那么这个网页也是值得被访问的。因为如果这个网页没有价值或者链接已经失效，雅虎这种知名网站根本就不可能引用它"。

算法的方程式还考虑了其他诸多因素："PageRank 还可以被看做是用户上网模式的反映。我们发现经常会出现这样的情况：某个网民偶然进入一个网页，随后就不断点击该网页上的相关链接，而且根本不再重看之前的网页，但是一段时间之后，他就开始对这个网页感到厌倦，转而浏览其他新出现的网页。因此，网民对于某个网页的访问概率也构成了这个网页 PageRank 排名的因素之一。在此，我们将这一需要考虑的因素称为‘d’，即网民感到厌倦并转而浏览其他网页的可能性”。

当时搜索引擎的搜索结果质量并不理想，一些专家认为只需引导用户按照要求详细、精确地列出他们的搜索要求就可以了。但佩奇和布林不同意这个观点：只要用户输入“比尔·克林顿”这个词，就应该能够搜索出大量与美国总统有关的网页。

在详细阐述网络扫描机器人程序的精确灵敏，以及对搜索结果进行分析之后，佩奇和布林开始展示谷歌的优良性能。在谷歌上对关键词“比尔·克林顿”进行搜索，结果中排在第一位的就是白宫的网址，其他诸如“比尔·克林顿——非官方”或“比尔·克林顿——忧郁的脸”等网页都被排到了白宫之后。对此，佩奇和布林解释说：“目前，大多数商业搜索引擎在处理类似搜索请求时都没有在结果中提供白宫官方网站的链接，或者只是搜索出了一些文不对题的结果”。

他们继而表示，“谷歌搜索结果中的每个网页都是相当精准的，而且，其中任何一个网页都不会是无效链接。因为在谷歌搜索结果中出现的网页都有着较高的PageRank 排名。此外，搜索结果中也不会有某个网页介绍的人名叫比尔却不姓克林顿，或者姓克林顿名字却不是比尔。这是因为我们十分重视被搜索关键词之间的关联性”。

佩奇和布林还充分考虑了其他因素：所用字体的大小，以及大小写的使用也会决定某个关键词的重要性。这两位斯坦福大学的学生甚至考虑到，某些网站可能会为了提高点击率，人为编造一些关键词。例如，某个色情网站可能会在网页上使用“集邮”或“政体”之类的关键词，以便被更多的搜索引擎搜索到，而PageRank算法恰恰避开了这些垃圾网站。

在这篇介绍谷歌的文章中，两位未来的工程师还阐明了他们的雄心壮志——利用已有模式对上亿个网页进行有效分析。

1998年4月29日创办的新闻简报《谷歌之友》，旨在向谷歌的关注者介绍搜索引擎相关新功能的进展情况。例如在5月18日出版的简报上，谷歌的创始人就展示了如何获取指向某个特定网站的所有链接的列表，或者如何向谷歌提交网址以便索引机器人程序能够对其进行分析。此外，他们还经常向新服务项目的用户征询反馈意见。在7月9日出版的简报上，他们宣布，谷歌将向用户提供查看某个网页“镜像”的服务，也就是说，他们将在自己的计算机硬盘中储存网页的复本。佩奇进一步解释说，“这样，如果原始网页不可用或者相关服务器出现故障，用户仍然可以进入所要查询的网页”。

正如雅虎的杨志远所指出的，搜索引擎公司面临的另一个大问题就是数据的存储。为了解决这个问题，佩奇和布林采用了一种新方法，并在后来将其广泛使用：他们从市场上购买最便宜的个人计算机，在计算机上安装Linux操作系统，然后让所有计算机一起联网工作。

对于整个搜索引擎的设计来说，安装这个系统至关重要：这个网络应该能以最快的速度给出搜索结果，但与此同时，它也必须能在出现故障时迅速作出反应。佩奇后来解释说，“当一台计算机发生故障时，我们甚至不会试图去进行修理，而是买一台新计算机将它连接到网络上”。[①]

1998 年 8 月，佩奇和布林用信用卡以 15 000 美元的低价购买了一批硬盘存储器。随后，他们将所有的硬盘都放在佩奇学校的宿舍里，并且以乐高积木为基础制作了机箱，希望用它们储存网络上的大部分信息。不久，许多计算机也被安置在了布林的宿舍内。

但是，佩奇和布林仍然需要资金来购买更多的计算机，于是他们开始向周围的人提出赞助请求。当然，谷歌完全可以像众多其他网站所做的那样，利用在网页上张贴广告获得资金，但是佩奇和布林两人都坚决反对这种做法。最初，他们得到了家人和朋友的资助，但很快就发现资金还是不够，幸运的是，一些朋友为他们提供了获取帮助的线索。斯坦福大学计算机系的教师大卫·谢瑞登和他的朋友，太阳公司的联合创始人之一安迪·贝托尔斯海姆，通过出售两人 1996 年在思科公司共同创立的新型信息产业公司获得了 2.5 亿美元的巨额财富，完全有能力对谷歌进行投资。

1998 年 8 月的某一天，利用两个约会之间的间隔，安迪·贝托尔斯海姆在大卫·谢瑞登家观看了谷歌的即兴演示，时间安排紧张的他被谷歌深深吸引，足足欣赏了半小时。仅仅隔了几天，佩奇和布林便收到了一张 100 000 美元的支票。佩奇后来描述：“当时的问题在于，他在支票上开立的收款方是谷歌有限公司。于是，为了兑现这张支票，我们必须真正创建谷歌公司！”[②]

事实上，这张等待兑现的支票在保险柜里足足放了两个星期，直到具有法律地位的谷歌公司被正式创建。

---

① 2002 年 4 月 8 日接受 01Net 采访。

② 同注释 1。

谷歌有限公司成立于1998年9月7日，像硅谷的大多数公司创业时一样，两位合作伙伴说服了一位不太熟的朋友，将房屋的一部分租借给他们作为办公地点。随后就是为各个房间布建网络，接入电话线和ADSL，就这样，谷歌公司诞生了。

四、沸腾

“看看拉里·佩奇和塞吉·布林吧，这两位斯坦福大学计算机专业的博士生刚刚成立了一家公司，闯入已经十分拥挤的搜索引擎市场，他们的搜索引擎和公司名为谷歌……”

“他们的魅力不仅仅在于这个名字，还在于他们所使用的技术十分先进，可以帮助那些希望寻找信息的人找到他们真正想要的内容，凭借这项技术，谷歌希望掌握互联网最核心的部分。它的创始人相信，掌握这个市场需要某种智慧，因为至少在目前的状况下，在这个市场中占主导地位的仍然还是技术而非股票价格。谷歌并不仅仅满足于它搜索出的网页中包含了网民要找的关键词，它还要找出有多少个其他网站与这个页面有链接。”

“灵感是这样产生的，例如，一次关于斯图贝克汽车的搜索可以返回数千个网页的结果，但其中有数百个网页都是从其他网站援引的指向搜索关键词的链接。这种链接的存在表明，这个被引用的网页对于链接制造者有着特殊的价值，因此对进行搜索的网民而言，这个网页也最有价值。于是，谷歌将那些被最广泛链接的网站，也就是最有人气的网站排在搜索结果中最靠前的位置。”

“谷歌的工作十分了不起，两位来自斯坦福大学的年轻小伙子拥有非常绝妙的创意，而且能够很好地将其付诸实践。然而，具有讽刺意味的是，尽管谷歌诞生在斯坦福大学里以威廉·盖茨命名的计算机科学大楼，但这项技术在Linux系统中比在Windows系统中实现得更早。”

上述文字源自罗伯特·科林吉里的一篇专栏文章，发表于谷歌公司诞生仅仅三天后的1998年9月10日。这篇文章同时也展现了一种微妙的关于技术层面的特别之处，那就是当时对谷歌的使用还仅限于“圈内人”这个比较小的范围。

公司成立之初，两位了不起的斯坦福大学学生用于放置计算机和进行研究的地方是一个通过小广告找到的地方——沃西基家的车库。

脸庞棱角分明、一头短发的苏珊·沃西基在英特尔公司工作，负责与软件编辑人员的联系沟通。她与佩奇和布林认识的过程非常非常简单，通过朋友的朋友介绍，在得知佩奇和布林想创建一家公司后，她很高兴地告诉他们：“太棒了！现在给你们一个好机会，房租是每月1 700美元，但请你们不要忘记将可回收物品存放到一旁的指定位置。”苏珊·沃西基租给佩奇和布林这两个学生的空间包括一个车库、三个房间和两个浴室。

“我当时刚刚买了新房，希望出租一部分给学生”，沃西基表示，当时她最迫切的愿望就是用房租偿还部分房屋贷款的月供。“我们当时以为他们只会白天待在那里，而我们白天则恰好在工作，因此我们甚至不会感觉到他们的存在，但没想到的是，他们会一天24小时地在那里连续工作！”[1]

---

① CBS新闻，2004年3月28日。

车库里很快就摆满了计算机，和这些计算机一起杂乱无章堆放着的还有一台洗衣机。冬天的寒冷很好地驱散了计算机所散发出来的热量。公司里的专业会议——有时候完全是临时的——都被安排在沃西基家里进行。总而言之，房东与这两个幽默风趣且又礼貌客气的工程师相处得不错，最令她高兴就是她可以通过他们的线路不计时间地免费上网。

大卫·谢瑞登，这位介绍佩奇和布林与贝托尔斯海姆建立联系的老师，给谷歌注入了第一笔资金——100 000 美元。这笔资金帮助这家全新的公司添置了不少计算机设备，并且雇用了最初的几位员工，谷歌的第一位雇员名叫克雷格·西尔弗斯坦，当时是 1998 年年底，克雷格暂时停止了自己在斯坦福大学计算机系的博士研究，加入到佩奇和布林的团队中。

随后，一位天使投资人，印度人拉姆·西里亚姆为谷歌提供了一笔具体数额不详，大约相当于 200 000 美元的投资。西里亚姆曾是网景公司的投资人，当时正管理着 Junglee 基金会，他对谷歌的贡献是巨大的，因为他不仅为公司注入了资金，而且此后每周他都会安排一天时间向公司提出自己的建议和意见。对于投资谷歌，西里亚姆曾在后来的一篇文章《拉姆的错误之书》中有所涉及，他宣称自己用了 8 年多的时间来完成这篇文章，主要目的就是提醒自己不要忘记职业生涯中曾经做过的错误决定。

西里亚姆对谷歌的建议之一是创建小规模的工程师团队，让每个团队都保持较少的人数，从而保证能够高效地开展工作。同时，这样的组织结构能够使每个团队都保持较好的创新能力，并且能够迅速的开展新的研究计划。不过，在西里亚姆提出的所有建议中，最重要的是这一条："雇用最好的员工"。这里有必要引用一条硅谷原则："请雇用高素质的人才，因为他们也将雇用高素质的员工。如果你雇用的是二流人才，他们将只雇用三流甚至四流的员工。"为了像寻觅稀世珍宝一样找出最优秀的人才，西里亚姆有一套自己的理论："我会尝试认识和了解他们的母亲。如果一个人从小就受到良好的家庭教育，那么他就有更大的机会成为一个好公民、好员工，甚至成长为一名优秀的企业家。"[①]

但是西里亚姆后来也表示："我从未预言过将会发生什么事情"。

1998 年 12 月，谷歌获得了第一次公开肯定，来自《个人计算机杂志》月刊。在当期的杂志中，"搜索引擎"专栏介绍了这家新公司。这篇短小的介绍文章不仅扩大了谷歌的影响，同时也使谷歌的创始人明白了一个极其重要的事实：可以不花一分钱而赢得好的宣传效果！

很快，沃西基的家相对于谷歌日益增加的工作任务而言越来越显得狭窄不堪。1999 年初，佩奇和布林将公司搬到了更宽敞一些的办公室里，并且开始考虑寻找一个更大的地方以便公司长期发展。

1999 年，发展门户网站的呼声日益高涨，当时提供互联网信息搜索的服务商几乎完全抛弃了搜索服务最根本的任务，转而通过在网站上张贴广告来赚取利润。面对这种趋势，佩奇和布林不仅没有灰心丧气，反而从中看到了极大的机遇，他们计划借此机会将谷歌打造成互联网上最高效的搜索引擎。他们坚信网民更关心，更感兴趣的是搜索结果的高效准确，而不是门户网站的杂乱无章。

很快，他们感受到了在更大范围内试用 PageRank 的紧迫性。但是，如果他们希望以超乎寻常的速度进行测试，就必须吸引更多的

① 《Rank for Sales》，2004 年 11 月 1 日版。

投资者。为此，拉姆·西里亚姆负责联系并最终促成了谷歌与大型风险投资公司——Kleiner Perkins Caufields&Byers（KPCB风险投资公司）的接触，此外，拉姆·西里亚姆还帮助谷歌与红杉资本投资公司进行了接触，而在此之前，佩奇和布林就曾通过雅虎的大卫·费罗与红杉资本进行过沟通。

KPCB风险投资公司的约翰·杜尔是谷歌当时最主要的投资人。这位性格外向的绅士总是面带微笑，习惯穿着宽大的白色衬衣并配上漂亮的条纹领带，不过偶尔也会选择T恤配运动外套的休闲装。热情奔放的约翰曾因他的豪言壮语而闻名，在面对信息产业飞速发展时，他曾断言："这是这个星球上有史以来最好的合法创造财富的时机"。

加入KPCB风险投资公司之前，约翰·杜尔曾长期为英特尔公司工作。从1974年英特尔公司发明8088微处理器，并随后将其装备到IBM个人计算机上时开始，约翰就一直为英特尔公司效力。之后约翰·杜尔还参与了许多募集投资的工作，诸如康柏、Intuit、Macromedia、莲花、太阳微系统、赛门铁克以及美国在线等大公司的募资项目，此外，他还对许多著名的新兴IT公司进行了投资。杜尔还十分关注美国的国民教育问题，热衷于帮助改善中学教学质量和环境的慈善活动，与此同时，他与后来成为美国总统候选人的民主党议员阿尔·戈尔也保持着良好的私人关系。

总是身穿深色服饰的迈克尔·莫瑞茨则显得比较保守，这位来自红杉资本投资公司的投资人给大家的印象是四平八稳、小心谨慎，完全一副受过传统犹太教育的年轻人形象。

与杜尔完全相反，莫瑞茨对大众给予.com公司的热捧不屑一顾，早在1988年他就宣称："迟早会有人碰壁"。

当过记者和编辑主任的莫瑞茨曾在时代华纳担任过多个职务，直到 1986 年加入红杉资本投资公司，此后他一直负责管理该公司的科技投资基金。莫瑞茨拥有灵敏的嗅觉，正如《商业周刊》所形容的："他总是能选择投资那些最终能获得成功的项目，而且懂得避开那些后来被证明不值一钱的项目。"[①]

莫瑞茨之所以被世人所熟知，是因为他是雅虎的第一个投资人。当时正是他不顾一切地劝说大卫·费罗和杨致远应该成立一家属于他们自己的公司。莫瑞茨后来曾表示："我当时就确信他们创建了一家革命性的新型传媒公司"，为此，他毫不犹豫地向雅虎投资 100 万美元帮助他们实现设计方案。而且，莫瑞茨还坚持让费罗和杨致远毫不迟疑地雇用运营官蒂姆·库格，因为莫瑞茨相信有必要选择一位名符其实的管理者来建立一支富有创造性的团队。对旁人的推荐特别敏感的莫瑞茨，很希望看到雅虎到底能为其最初的投资者带来多大的回报。

在大卫·费罗的推荐下，佩奇和布林认识了莫瑞茨这位了不起的人物。莫瑞茨回忆说："大卫非常欣赏佩奇和布林，他早在斯坦福上学的时候就认识他们俩，因此大卫十分愿意帮助他们。大约在 1996 年，当时他们正在斯坦福对一项十分艰深的项目进行研究，某一天他们来拜访我们，于是我们进行了一次非正式的会议，随后他们好像就消失了，在随后的几年内我们都没有听到任何有关他们的消息，直到有一天有消息流传说他们正考虑成立一家公司"。[②]

奇怪的是，雅虎的两位创始人一起劝说莫瑞茨对谷歌进行投资，

---

① 《商业周刊》，2003 年 9 月 29 日版。

② 《Garage》，硅谷 4.0 参考摘要，2004 年 9 月 8 日版。

丝毫没有考虑到这家公司日后可能会成为他们的竞争对手。当时，大卫·费罗和杨致远都认为有必要使用一个互补性较强的搜索引擎来强化他们的网页索引目录服务，而且当时雅虎正致力于完善其门户网站的功能，希望寻求外部的合作伙伴。如果某个关键词在它的索引目录中没有被搜索到，雅虎就会让这个外部搜索引擎进行搜索，然后将结果显示出来。当时雅虎已经与AltaVista、OpenText以及Inktomi建立了业务往来，而且雅虎的员工都十分看好这个市场的发展前景，因为他们可以自由地在这些公司中选择合作伙伴。

莫瑞茨对谷歌两位创始人最深的印象就是他们对技术开发的极度热情，而且他非常欣赏他们专心为顾客提供最好服务的态度。谷歌好像成为了某种被咒语赋予生命的有机整体：只做用户需求范围内的事，只做让用户满意的事。莫瑞茨证实："这可能是业内的口头禅，但对于.com公司来说，十分罕见也不同寻常"。

佩奇和布林之所以仍然期待与KPCB风险投资公司的约翰·杜尔面谈，是因为他们从后者身上看到了接近美国在线的可能性。与莫瑞茨一样，杜尔十分看好谷歌的发展前景，但同时他也注意到了作为谷歌创始人的两位学生在商业领域毫无经验的事实。与大部分新兴IT企业的创始人不同，谷歌的两位创始人没有任何商业计划，而且佩奇和布林在融资方面似乎有着非常大的需求。幸运的是，杜尔完全有能力从这些担心中分析出答案，就像他喜欢说的："如果你看好公司的创始人和他们拥有的技术力量，那么付出任何代价都是值得的"。

随后，本应该出现的局面是KPCB风险投资公司和红杉资本投资公司两大投资商相互竞争以争夺谷歌的大部分股权，但是不知是出于质朴的本性还是来自善于计算的精明，佩奇和布林并不排斥与两大投资商共同合作。他们的头脑中有着一个十分明确的原则：要不惜一切地维护他们对公司的控制权。选择与两个投资商同时合作对他们而言是一个理想的策略，完全可以避免公司被来自外部的力量掌控。

1999 年 5 月，杜尔决定对谷歌进行投资，与此同时，莫瑞茨也作出了同样的决定。但他们很快就发现佩奇和布林并不打算在他们这两家投资商中进行选择，一个小小的担忧在于：在众多的 .com 公司中，这种联合投资是十分罕见的，而且无论是杜尔还是莫瑞茨都不愿意分享对这棵新芽的控制权。通常应有的逻辑是：各为其主。另外这两家风险投资商在基本投资风格上也是截然不同的，第一家兴致勃勃的时候另一家往往很保守谨慎。

"约翰·杜尔和迈克尔·莫瑞茨都希望单独与谷歌达成协议，于是最后演变成了拉锯战，他们完全没有意识到我们公司的创始人在此问题上是多么地坚持原则"，谷歌最早的几位雇员曾这样评价当时的情况。[①] 事实上也正是如此，佩奇和布林对两位潜在的投资商给予了同样的答复：你们应该学会与人分享！

谷歌最初的两位商业顾问花费了相当的力气试图说服莫瑞茨和杜尔改变初衷，其中一位是拉姆·西里亚姆，他是约翰·杜尔多年的好朋友，另一位同样身为天使投资人的罗恩·康韦则是莫瑞茨的好朋友。罗恩在 1998 年底创建天使投资基金，并在谷歌占有一定的股份，对于这一过程，他后来回忆说："一旦我认为某件事必然会发生，我就会立刻变得非常积极。"

在那段时间里，拉姆·西里亚姆和罗恩·康韦一直试图讨好并

① GQ 杂志，《谷歌创新中心之旅》。

说服两位重要的投资人，但是一切努力都是徒劳的，杜尔和莫瑞茨始终坚持原则，而且显示出与佩奇和布林这两位工程师一样的坚定态度。

一个月后，罗恩·康韦接到了佩奇和布林的电话，他们显然已经意识到，无论是KPCB风险投资公司还是红杉资本投资公司都没有很好地理解他们的意愿。他们表示："我们再给他们两到三天的时间，如果他们还不答应我们的条件，那么一切都将就此结束。"与此同时，他们请罗恩·康韦列出一个天使投资人名单，以便在必要的时候向这些人寻求投资。于是，罗恩·康韦和拉姆·西里亚姆在第一时间将谷歌方面的考虑和打算通知了他们的投资商朋友。第二个星期的周六，罗恩接到了拉姆·西里亚姆的电话："争论结束了，KPCB风险投资公司和红杉资本投资公司决定投资相同数额的资金"。

对于佩奇和布林来说，这是一场漂亮的胜仗，他们不仅成功保住了对公司的掌控权，而且证明了自己完全有能力不屈服于比他们强大得多的公司。

1999年6月7日，注资公告正式宣布：谷歌从KPCB风险投资公司以及红杉资本投资公司总共获得2 500万美元的投资，由此两家投资公司各占有谷歌大约10%的股份。

千禧年到来之前的一段时间对于新兴的网络公司来说是充满了极其乐观的前景的，一大批1994年之后成长起来的网络公司已经成为了经济领域的重要组成部分。

1999年，《财富》杂志发表了一个引起轰动的排行榜：美国最富有的40位40岁以下的富翁排行榜。榜单中很大一部分都是互联网公司的老板，他们中有许多甚至在一年前还不为人所知，例如：eTrade公司（股票交易）的克里斯托·科萨科斯、Mp3.com（在线音乐）的迈克尔·罗伯逊以及 eBay（拍卖销售）的皮埃尔·奥米迪亚尔，这些网络大海的弄潮儿一致相信网络将会消除经济领域的传统中间环节。

当时由比尔·克林顿及阿尔·戈尔领导的美国正在朝着全民就业的方向发展，失业率不到 4%，而经济的良好增长态势在很大程度上正是得益于这场网络革命。网络甚至创造了一种“新经济”，领导这种“新经济”的企业，其企业文化是完全不同于传统企业的，衣着的休闲化随意化就是最好的例证。这些企业还拥有无与伦比的生产效率以及惊人的迅速反应能力，只有制订了互联网战略的企业才可能在新的环境中继续生存下去。

作为美国式成功的标志性人物，杰夫·贝佐斯位列《财富》杂志年轻富翁排行榜的第二位，这位从古巴逃亡到美国的富翁身价高达到 57.4 亿美元，仅次于靠网络销售计算机发家的迈克尔·戴尔。eBay 的老板皮埃尔·奥米迪亚尔以 36.9 亿美元的身价名列第四。雅虎的创始人大卫·费罗和杨致远则分别以 31.2 亿和 30.5 亿美元的身价名列第五和第六。

财富的急剧膨胀导致数量众多的新兴网络企业盲目进行宣传、扩大员工规模以及大量的采购。在这段恣意狂欢的时间里，佩奇和布林成功地避免了陷入盲目的乐观之中，他们仍然集中精力发展自己的信息系统，购买了数量巨大的计算机、硬盘和存储设备，以便大幅提高谷歌的储存能力和反应能力。

经过一年的测试，谷歌于 1999 年 9 月正式上线运行。然而，最艰难的阶段紧随其后：说服网络企业接受这种服务并签约将谷歌作为其网站的搜索引擎。最初谷歌只找到了两位客户：网景公司和致力于 Linux 推广的红帽公司。

尽管如此，谷歌的知名度从未停止过增长，当时其网站的日访问量已经接近了400万，这个年轻的公司已经拥有了60余名员工，其中大部分都是工程师。此外它还拥有了一个向其他网站推销谷歌搜索服务的营销团队，现在已经是时机开辟新的办公地点，适应迅速增长的业务了。当年夏天过去后，佩奇和布林在山景城拥有了属于他们的办公楼，将谷歌的总部迁入其中后，他们将此地命名为Googleplex。

出于经济和效率的双重考虑，佩奇原本计划建造一栋没有电话线路的办公楼。他的理由很简单，人们正越来越多地使用手机进行通信，但经过仔细权衡，谷歌最终仍然采用了最传统的解决方法——固定电话，因为固定电话的通信质量仍然是最高且最有保障的。

在这栋办公楼里工作的谷歌人拥有一种计算机行业特有的“酷”文化，而这种企业文化也正是阿塔里公司、苹果公司和微软公司在发展初期所具有的。谷歌的办公楼内提供一切必需的服务：幼儿园、洗衣机、健身房、医务室以及牙医……其创始人对于环保的考虑也体现在对持相同观念员工的支持上：购买氢混合动力汽车或者自行车的员工将得到公司的奖励。

同年11月，Grateful Dead合唱团的厨师查理·艾尔斯受聘成为谷歌的全职员工，他的职责就是为谷歌的雇员提供最好的菜肴。谷歌管理者如此精心考虑的目的就是最大限度地提高员工的工作效率，减少因为外出午餐而浪费的时间。当时谷歌位于山景城的办公楼外还没有一家餐厅，员工甚至不得不开车出去吃饭，随着专业厨师的到来，每位员工都可以在办公楼内进餐，而且共进午餐的时间也成了谷歌人交流创意和技术的绝好机会。

千禧年的钟声即将敲响……

五、从崩溃中幸存

这是一个疯狂的时代，整个社会都好像弥漫着剧烈运动的电子，并试图转化为电波，不断放大信号，所有人都沉浸在某种狂热的情绪之中。

互联网蛋糕膨胀得非常快，但这条通向金矿的道路却是十分坎坷的。人们根本不在乎这些年不堪重负的传统工业社会所面临的新兴网络企业的挑战，个个都信心百倍，以至于将与互联网这个黄金乐土相关的网络公司描绘得近乎神化，华尔街的召唤更为这些网络精英们展现了一个诱人的未来。

繁华之中，有些公司已经意识到，在这种昙花一现般的网络盛宴背后是其脆弱的本质。因此对于这些网络公司而言，当时最重要的任务就是坚持下去。一位电视游戏发行商回忆说，2000 年 2 月，当时他已经通过销售电视游戏产品获得了非常好的营业额，但当他在某个晚上参加新兴网络企业的聚会时，却被那些年轻的老板们戏称为“过去时”。即使像他这样曾经叱咤风云的传统商人也无法想象，这些年轻人在还没有完全弄清到底发生了什么事的时候就将被取代。

在这段网络企业迅速成长的时期，谷歌两位创始人的应对态度却与众不同，尽管他们同样年轻，血气方刚，但他们仍然作出了适当保守的选择。他们清醒地认识到了这场网络热潮中的浮夸之风，网络泡沫迟早都会破灭，等到那一天，所有人都将尝到苦果。而且，他们完全有机会在稍晚的时候再加入到这场竞争中，在将全部精力投入到进一步管理完善 PageRank 的庞大程序之前，这两位数学天才有许多工作要做，而不是忙着吸引媒体和银行投资者的眼球。

佩奇和布林成功地抵御了网络的浮夸之风，并且对这股热潮采取了冷静的应对态度。尤其是在拒绝通过多媒体特效装点谷歌的简洁界面之后，他们很高兴地看到，以高效准确的搜索服务同样能够击败竞争对手，口口相传的宣传方式也开始发挥其巨大作用。

尽管如此，谷歌仍然需要改善它的财务状况。而且，向谷歌注入 2 500 万美元风险投资的约翰·杜尔和迈克尔·莫瑞茨也希望自己的投资获得回报。他们不断与两位奇特的天才发生矛盾，因为后者总是喜欢凭直觉行事，而不听从他们“深思熟虑”的建议。当时，谷歌的主要商业营销活动集中在以技术许可方式向其他网站出售搜索技术。通过这种方式，谷歌每处理 1 000 次搜索，就可以获得 8～10 美元的收入。另一种赢利方式是通过合同形式从使用其技术的网站每月固定收取 600～2 000 美元。这两项服务是谷歌重要的收入来源，但在投资人的眼中，这是远远不够的。

迈克尔·莫瑞茨和约翰·杜尔在一个问题上的意见相当一致：谷歌需要一个总经理。但是对于佩奇和布林来说，即使不反对这个提议，他们也不会主动推动招聘总经理的工作。

佩奇和布林在商业经营方面表现得十分天真，他们仍然坚持善良的品性。是他们创建了这家公司，是他们开发了谷歌的技术，而且在此之前他们总能够灵巧地面对各种复杂局面，那么他们为什么要聘请一个第三者来管理自己，为自己找麻烦呢？根据约翰·杜尔的助手之一戴维·沃顿的说法[①]，佩奇和布林在面对这个问题时，通常会摆出例子，说明一些著名的创始人例如比尔·盖茨、迈克尔·戴尔都是亲自担任自己公司的总经理，“从他们的经历可以看出，曾经创建并管理公司的创始人是最优秀、最具创造性、也是最成功的。他们不会注意到其他人的失败经历，因为这些经历不会进入他们的参考范围”。

但事实上，史蒂夫·乔布斯曾经在 Macintosh 发布后的第二年，也就是 1985 年被排挤出苹果公司，原因是这款具有革命性、而且获得全世界好评的计算机销售状况却不够好。与此相同的还有康柏公司的创始人罗德·康尼尔，尽管公司在其管理下的第一年曾打破销售记录，但他仍然在 1991 年因为销售业绩不理想而被解雇。我们可以列举出成千上万的公司创始人，由于没能获取公司董事会的信任而远离了公司的管理岗位。

和往常一样，佩奇和布林依然坚持他们的态度。在 KPCB 风险投资公司和红杉资本投资公司发布财务报告 6 个月之后，他们仍然没有采取任何实际行动为谷歌招聘一位总经理。迈克尔·莫瑞茨发现了佩奇和布林的消极态度，甚至感觉他们会放弃之前关于招聘总经理的承诺，于是最终失去了耐心。在随后一次气氛激烈的会谈中，他高声威胁说如果佩奇和布林仍然不改变态度，他将考虑从谷歌撤出投资。

相比莫瑞茨的激烈反应，约翰·杜尔则更加聪明，他明白问题的关键所在：两位年轻人的抵触情绪来源于他们认为这是一种取代

---

① GQ 杂志，《谷歌创新中心之旅》。

其权力的行为。为了安抚佩奇和布林，这位来自 KPCB 风险投资公司的投资人说服他们俩到硅谷的各家著名公司走一走、看一看，与一些他们所尊敬的 IT 公司管理人才会面，这其中包括：安迪·格罗夫（英特尔公司）、杰夫·贝佐斯（亚马逊公司）、斯科特·麦克尼利（太阳公司）、斯考特·库克（Intuit 公司的创造人）……每次会谈过后，杜尔都会注意观察佩奇和布林的感受和态度变化，更讽刺的是，杰夫·贝佐斯甚至将佩奇和布林比喻为幻想划着充气筏横渡大西洋的水手！

杜尔的战术获得了显著的效果，在结束一系列会谈后的某一天，他了解到，佩奇和布林已经决定聘请一位总经理。这个阶段性的目标终于实现了，但一直到 2000 年年底，两位挑剔的创始人才最终确定万里挑一的总经理人选。

在又一个春天到来的时候，形势进一步变化，公众对于网络企业的迷恋越来越失去理性，众多赚足了眼球的网络公司只是建立在人为的设想和精妙的创意之上，却缺乏实质性的经营基础。尽管冒着被认为是杞人忧天的风险，极少数商业分析人士仍然发出了警告："纳斯达克上市公司中最具人气的公司，有 20% 股票价格不断飙升，但它们却没有获得 1 美元的收入。"潘恩韦伯公司的经济分析师爱德华·克舒纳当时曾这样评价，但是他的这一言论根本没有引起任何人的注意。

在这段股市异常繁荣的时期，谷歌的两位创始人过得并不轻松。佩奇很痛苦地发现，一些对于公司十分重要的资金居然被用于那些没有任何实际意义的计划项目，这种情况根本不会对公司的长远发展有任何帮助，相反还会使短期经营状况复杂化。由于潜在的工作机会和薪金待遇不断提高，工程人员和商务管理人员的薪金要求也水涨船高。鉴于市场竞争的加剧，办公室的租金也上涨，甚至远远超过了正常范围。

更艰难的是随之而来的暴跌，2000 年 4 月 14 日纳斯达克经历了历史上最大幅度的下跌，人们将之称为“e 股灾难”，或者说是新经济的全面崩盘。股市危机持续了一段时间后，市场信心仍然没有恢复，投资者逐渐变得小心谨慎起来，而且开始着手减少长期贷款。

虽然股市剧烈动荡，但谷歌仍然稳如泰山。首先，由于谷歌并没有在纳斯达克上市，股市的下跌没有给它带来任何影响。其次，由于市场行情的变化，众多高水平的工程师突然发现找工作其实并不容易，而且对于薪金的期望值也有所降低，这使得谷歌在招聘人才方面更加自主和方便。

佩奇和布林的公司在 2000 年 6 月 26 日终于跨出了历史性的一步：雅虎在当天正式宣布，它将使用谷歌作为其搜索引擎服务提供商，代替以前的搜索引擎 Inktomi。从这一刻起，谷歌获得了通向成功的坚实基础：当网民通过雅虎进行搜索的时候，雅虎会将搜索交由谷歌执行。

网络经济的衰落也引发了大型网络企业的转向。互联网最初是以广泛的公共服务为基础的，由众多的政府机构以及学校科研机构提供运营保证。其最大的捐助方，NSF（国家科技基金会）每年都会向互联网的研发注入 4 000 万美元的捐款。但从 1995 年开始，商业行为逐渐进入互联网领域，而且在诸如 NSF 之类的机构停止向互联网研发捐款后，商业经营越来越成为互联网上不可或缺的组成部分。这种转折性的变化使得互联网完全超越了最初的理想化用途。

2000 年第三季度开始，线上广告业务引发了整个互联网的地震。面对市场崩溃的加剧，一些公司开始渐渐意识到赢利对于互联网企业不可或缺的重要性。股市的变化同时也引出了一种新的局面：如果一家网站希望出现在各大搜索引擎的结果中，它就需要为此支付代价！

在雅虎，如果一家网站愿意支付 199 美元，那么它将在检索中被优先考虑，这个费用并不过分，而且这种操作也是有选择性的。但另一家经营 AltaVista 搜索引擎的 Digital 公司则采取了一项旨在获得现实利润的政策，这却引发了后来的长期危机：它决定让愿意支付费用的公司出现在搜索结果的最前列。ePrio[①] 的菲利普·古埃努证实："从我意识到 AltaVista 搜索引擎的结果是由金钱买来的那一刻起，我就转而使用谷歌了"，这也表明了当时广泛存在的一种倾向性看法。

AltaVista 负责人的担忧同时也代表了整个行业的心态，Digital 公司于是要求向所有的搜索引擎收取专利使用费，以将 AltaVista 拥有的 38 项专利权转化为收入来源。

佩奇和布林一直以来都有着反对传统的极端自由主义思想，如果他们是 20 世纪 70 年代的大学生，他们一定会穿上嬉皮士风格的服饰，公开表达反对越南战争的态度，同时宣扬他们对于追求利润的不屑一顾。尽管在 70 年代末才移居美国，但布林很自然地接受了这种反成规潮流。诚然，佩奇和布林在很长时间里一直反对将广告引入他们的网站，但他们也懂得面对现实，明白为了企业的长久持续发展，获取利润是必不可少的工作内容。面对用户的需求和向工程师们支付高额工资的必然现实，他们应该如何调和呢？

在广告领域，他们仍然坚持了自己的原则。广告本身并无坏处，

① ePrio 是一家新兴网络企业，致力于互联网保密方案的开发研究。

只是过度地使用广告才会招致人们的反感，网站上频繁出现的烦人广告就是很明显的例子。没有人愿意在看电影的时候被突然出现的商业广告打断，但在网站上，这种情况却无时无刻不在发生，广告框总是突然出现，而且它们与用户进行的搜索毫无关联，用户往往会因此觉得上当受骗。

作为最初提出异议的搜索引擎代表，佩奇和布林指责商业广告对网站产生了不良影响，同时也极大地延缓了搜索的执行速度。因此，他们反对这种显示在网页上面，甚至有时是以特别突出的形式出现的广告模式。尽管迈克尔·莫瑞茨和约翰·杜尔在此问题上争论不休，但佩奇和布林自始至终坚持了自己的原则，那就是，如果要在谷歌中使用广告，首先要解决的问题就是不能因此而影响用户的使用。

解决这个问题的关键在于谨慎且有效地投放广告，事实上，互联网上的广告可以作为一种服务，或者说一种补充信息出现。例如当用户在搜索引擎中输入“布列塔尼旅行”的时候，如果显示出的广告是布列塔尼地区的住宿信息，同时广告数量又十分有限的话，那么用户一定不会因此觉得反感。

Overture公司第一个尝试使用了这样的系统：与提供广告位置不同的是，它向广告客户拍卖关键词，这家于1998年6月建立的公司，其创始人是后来成为市场运营专家的比尔·格罗斯，在他的领导下，Overture公司首先开始使用“按点击付费”的原则，这与付费电视领域“按显示付费”的模式相似：用户只需为他们愿意看的节目付费。根据Overture公司的模式，广告客户只需根据网民在其商业广告链接上的点击次数向Overture支付广告费。

想象一下，如果任天堂游戏公司购买了关键词“超级玛丽”或者“神奇宝贝”，那么当用户对这些词进行搜索的时候，就有可能点击广告链接而访问任天堂公司的网站。因此，法国航空公司、TWA航空公司或者新疆界旅行社一定愿意付费，以便在用户搜索关键词“机票”的时候，显示他们的网站链接。另一个特点是，在这种情况下，用户将只看到与其搜索内容相关的广告。

Overture公司的广告竞拍系统按传统方式运作：一家公司愿意为某个关键词支付的费用越高，它在搜索结果页面的显示位置就会越好，而且广告客户会被定期要求为某个关键词竞价。

佩奇和布林开发了一套与Overture相似的广告系统：AdWords，其主要内容同样是向广告客户竞拍关键词。但对于谷歌的创始人来说，必须清楚地区分来自PageRank的网页和广告客户的网页链接，不能有一丝的混淆。经过测试，他们发现这种程序不能完全符合要求，而且作为谷歌在搜索结果中推荐的网站，它们必须对用户有实际的用途。如果按照程序，将付费最多的网站链接放置在搜索结果中最前列的位置，这将会与搜索本身的任务目的不相符：因为如果只考虑广告客户为某个关键词支付费用的多少，那么显示在搜索结果中最前列的网页链接将有可能是用户根本不感兴趣的内容。

布林由此指出：“如果网民搜索‘癌症’这一关键词，那么应该将为这个词付费最多的网站显示在第一的位置，还是显示介绍癌症信息最丰富的网站呢?”对他而言，毫无疑问应该将第二个网站链接显示在最优先的位置，而且他相信，用户们最终也会支持这种做法。

在这种指导思想下，佩奇和布林逐渐开发形成了一套与PageRank类似的复杂数学程序：既考虑广告价格，又考虑网站的广泛性。竞价系统得以保留，但在PageRank中排名靠前的网站将更有可能出现在搜索结果中的前列，即便这家网站为同一关键词支付的费用低于它的竞争对手！

最初，广告客户的链接被放置在网页顶部，而且被清楚地标示出来是广告，但很快谷歌的工程师们就发现了这种显示方式的缺点，一些用户有可能会将谷歌的这种模式与 AltaVista 简单根据付费多少进行排序的做法混淆起来。

在线聊天软件 ICQ 的创始人之一，以色列投资人尤西·瓦迪为此给出了一个十分理想的解决方法，他建议在网页右侧划出一部分区域，专门用于显示广告客户的链接，并且美其名曰“赞助链接”。佩奇和布林接受了他的建议并对程序进行了测试，在得到比较好的效果后，他们决定将这个模式加入到竞价规则中。由此，整个系统不断完善，并且开始吸引所有的潜在广告客户，从亚马逊之类的大公司到毫无名气的小公司，都有可能成为谷歌的客户。

被命名为“AdWords”的这项技术成为了谷歌的两大王牌之一，但只有它将成为谷歌的主要收入来源。

六、新兴企业的总裁

这种人员的调整融合不是在一朝一夕之间完成的，佩奇和布林需要一段时间去逐步成熟，并最终明白他们还要向顾问们学习许多知识，需要在坚持为善的同时赚取利润。

2000年年底，谷歌每天处理的搜索请求已经超过了2 300万，而且它还拥有了自己的固定使用者和爱好者，这些人对谷歌这个搜索工具的评价十分简单：喜欢它的准确高效以及界面的简洁明快。谷歌所建立的容量超过12亿页网页的索引已经被证明是世界上最优秀的，而且，此时的谷歌已经拥有了100余位员工，并建立起了一个基于Linux操作系统，超过6 000台计算机的庞大网络。

2000年12月7日，《商业周刊》发表了一篇总结谷歌现状的文章：《谷歌的简单纯朴合算吗?》记者卡帕纳·莫罕认真分析了谷歌当时面临的所有问题，在称赞谷歌是网络上最“时髦”的搜索引擎，并列举其在各个专业技术杂志获得的奖项以及高度评价Googleplex的创造团队之后，这位记者提出了自己的疑问，谷歌如何做到始终不采用悬浮广告系统：“谷歌能在将来的某一天获得赢利吗? 这就是问题的症结所在。谷歌经过仔细考虑作出的不以悬浮窗或其他图形方式张贴广告的决定，毫无疑问将影响他们的赢利，因为这种方式正是其他搜索引擎公司最大的收入来源。”

莫罕引用了另一家搜索引擎网站“北极之光”的负责人马克·科锐兰斯坦的话：“坦率地讲，我不明白像谷歌这样只专心于做搜索服务的网站如何能够凭借这种单一的服务模式生存下去。”

谷歌的另一个竞争对手是 AltaVista，根据媒体矩阵研究机构 2000 年 9 月进行的统计，后者的访问量比谷歌还要高。AltaVista 的负责人格里·梅莫曾表示：“我们的服务模式更具多样性”。

“问题的关键在于弄清谷歌是否会继续拒绝商业广告模式，这种模式的特点就是将付钱最多的商业网站放置在搜索结果中最醒目的位置……”

但是，莫罕注意到布林似乎对这个问题没有过分的担心，最后这位记者得出了一个充满怀疑的结论：“当股东们来要求收回投资的时候，谷歌可能会毫不犹豫重新考虑是否应该开始使用悬浮广告。”

和莫罕一样的市场观察家以及谷歌这个成长中的搜索引擎公司的股东们如何能够想象，使用悬浮广告系统的网站很快就将被谷歌所超越，而且后者依然像骑兵保护军旗一样，坚决维护其简洁的界面风格。

尽管佩奇和布林曾向约翰·杜尔和迈克尔·莫瑞茨承诺准备雇用一位总经理，但他们好像对此并没有太大的积极性，拒绝了一个又一个候选人。他们坚持以“酷”为内涵的企业文化，以便维护较高的创造性和保持校园般的工作环境，他们十分担心企业会在一个只重视利润率的“传统”管理者的领导下，丧失企业灵魂。

埃里克·E·施米特显然是一位理想的候选人，这位智慧的企业管理家十分清楚，一个年轻的企业需要有自己的企业文化。这位 45 岁的工程师曾在伯克利大学进行高级技术落后研究，时任网络软件服务商Novell公司负责人的施米特此前还曾在太阳公司工作过15年，先后担任过多个职务。

约翰·杜尔和迈克尔·莫瑞茨最担心的问题，不是说服佩奇和布林给施米特一个机会，而是如何劝说后者来见见这两个看起来不守规矩的年轻人。因为已经40多岁的施米特似乎没有什么兴趣离开Novell的职位去领导一个小企业，而且当时纳斯达克的熊市行情已经拖垮了硅谷不少像谷歌这样的新兴小企业。

尽管如此，迈克尔·莫瑞茨仍然做了充分的准备，试图说服施米特仔细考虑这次机会。对于Novell的总经理来说，谷歌完全是另一个类型的企业，正是利用这一点，莫瑞茨对施米特用了激将法："埃里克，你不了解情况，你不明白我们正在从事一项多么伟大的工作，你应该试着用更为开阔的思维去理解它！……"

惊讶于莫瑞茨的豪言壮语，也是被约翰·杜尔的坚持所感动，施米特终于勉强同意12月份去参加这场"招聘会"。

施米特与佩奇和布林的会面是在一种意外而且奇特的方式下进行的，在一个半小时的会面中，激动的佩奇和布林不停地刺激施米特，数落他的缺点，甚至对施米特任Novell总裁期间所做决定的成就提出了质疑，而施米特则惊讶地发现，谈话期间，他的个人简历就被挂在会议室的墙上。

这种待遇并没有让施米特觉得受到了轻视，会谈结束时，这场充满智慧的谈话并没有引发他的不满，恰恰相反，他从中看到了开始自己新的职业生涯的绝好机会。从四年前担任Novell的掌舵人开始，施米特就一直尽全力挽回这家软件出版企业的下滑趋势，但却没能奏效。由于缺乏有足够竞争力的软件，Novell似乎已经失去了之前的荣耀，而谷歌则完全相反，它正处在一帆风顺的发展阶段，在不到三年的时间内，谷歌已经占据了搜索引擎市场25%的份额，而且这一份额还在不断增加。与雅虎签订的协作合约对谷歌而言简直是如虎添翼，也使得AdWords系统创造出越来越多的利润。谷歌创始人的独特之处不仅体现在对招聘工程师队伍的严格要求上，也表现在他们对技术创新的专注精神上，同时，他们还建立了一个花费并不多的计算机网络系统。这个由数千台计算机组成的网状系统能够无限制扩展，而且这个系统中已经存储了数十亿的网页。他们甚至制订了一个十分明确的目标："管理全世界的信息数据，并且让这些数据能够被广泛地获取和使用。"

迈克尔·莫瑞茨和约翰·杜尔对于佩奇和布林十分欣赏施米特感到非常高兴，施米特也向两位投资人明确表示他不会触及谷歌的企业文化，也不会在不与两位创始人商议的情况下作出重大决策。当然，令人满意的丰厚待遇也是最终打动他的因素之一。

2001年初，施米特正式加入谷歌，很快他就开始强迫自己了解和接受这家企业的特别之处。谷歌的企业环境与20世纪90年代末出现的其他新兴信息产业公司一样，员工衣着休闲，办公室灯火通明，以及所有其他类似的特点。

在开展其他工作之前，施米特必须先适应这种与众不同的企业文化。有一次，甚至有一位工程师搬到施米特的办公室，声称这里的环境更有利于他集中精力进行研究，而施米特却并未发现公司的其他员工认为这有什么不妥，也没有人支持他将那位工程师劝离办公室，直到几个月之后，这位工程师才主动决定离开施米特的办公室。

施米特用了相当长的一段时间才理解佩奇和布林的发展计划进行到了哪种程度，他们的眼光已经远远超越了计算机和互联网领域。

"我足足用了半年时间与他们讨论才最终明确"，施米特说，"我记得自己曾坐下来与佩奇仔细探讨，并且对他讲'将你的战略告诉我'，然后我认真做记录。"[①]

施米特需要逐步学会分辨决策是否符合企业的道德规范，然而这种界线有时候并不十分明确，于是就出现了数百家环境和教育领域的非赢利机构享受谷歌免费广告服务的局面。有一次，谷歌的销售负责人甚至拒绝签署一个价值数百万美元的合同，仅仅是因为他没有从顾客那里看到长期利润。"在谷歌，我们有时候会拒绝某项合作请求，因为我们只致力于寻找稳定、长期的收入来源，而不是只合作一个季度的顾客。"[②]

出于相同的考虑，佩奇和布林认为最好不要为烈酒进行广告宣传，只是宽容 AdWords 可以涉及葡萄酒。同样，他们也拒绝通过谷歌为武器进行宣传，这招致了 NRA（全国来福枪协会，武器生产领域最重要的院外压力集团）的强烈反对，因为后者认为受到了不公正对待。

2001 年"9·11"事件之后，互联网上的信息流量迅速扩大，美国公众急切希望了解世贸大厦双子大楼被撞击事件的相关信息。搜索请求来自世界各地，而谷歌当时已经能够提供 66 种语言的搜索服务。

但是，谷歌仍然保持了一种以美国为中心的视角，为了改变这种状况，施米特采取的第一步措施就是将 AdWords 根据提出搜索请求的地域进行分类管理。为了完成这个涉及世界范围的艰巨任务，

① GQ 杂志，《谷歌创新中心之旅》。
② 《时代周刊》，2006 年 5 月 30 日版。

施米特任用了一位关键人物：奥米德·科德斯塔尼，这位伊朗人最初效力于网景公司，1999 年 5 月受聘到谷歌。作为销售负责人，奥米德·科德斯塔尼的第一项任务就是销售 AdWords。现在，他在欧洲地区工作，负责招聘商务人员，正是他推动了多种语言的关键词的销售，增加了谷歌的收入来源。

既是总经理，又是公司财务状况监管人的施米特，有时候不得不花费相当的力气说服两位创始人，将他们近乎疯狂的创意与现实联结起来。这年秋天，施米特最终找到了各自的优点，并且为每个人进行了明确分工：佩奇更像一个开发技术的天才，布林更适合与客户商讨签订合同，而他本人则需要综合考虑，以保证谷歌这艘大船继续向前航行。但是，从外部来看，谷歌似乎仍然没有确定发展方向。这种印象来源于佩奇和布林这两位创意支持者的表现：他们对几乎所有的创意项目都采取完全支持的态度。

了解到这种情况后，约翰·杜尔向一位并不为谷歌工作的顾问比利·坎贝尔咨询意见，曾领导过 Intuit 公司的坎贝尔是个人财务管理软件 Quicken（KPCB 风险投资公司曾于 1990 年为 Intuit 公司投资 500 万美元）的开发商。而且，作为苹果公司的董事会成员，坎贝尔也作出了不少贡献，其意见经常受到史蒂夫·乔布斯的赞赏。

从 2001 年年底起，坎贝尔开始定期到谷歌总部与佩奇、布林以及施米特一起讨论谷歌的未来发展方向。约翰·杜尔的一位合伙人威尔·赫斯特后来曾表示是坎贝尔救了谷歌[①]："他不仅教会施米特应该如何管理好一个像谷歌这样完全不同于 Novell 的企业，而且还告诉后者需要攻克许多艰苦的难关。他还与佩奇和布林进行了长时

---

① GQ 杂志，《谷歌创新中心之旅》。

间的对话，向他们解释一个很‘酷’的企业与一个充满智慧的企业之间的差别，并且指导他们如何成功管理一个企业。”

根据威尔·赫斯特的观点，这种人员的调整融合不是在一朝一夕之间完成的，佩奇和布林需要一段时间去逐步成熟，并最终明白他们还要向顾问们学习许多知识，需要在坚持为善的同时赚取利润。

2001 年完美地结束了，谷歌的第一个利润报告显示：其利润达到了 700 万美元。

但这仅仅只是开始……

七、AdWords的无限好处

如果说PageRank使谷歌广为人知，那么AdWords系统则着实将谷歌打造成了一部令人难以置信的赚钱机器。

佩奇和布林喜欢那些复杂的方程式：正号负号、立方根、对数函数、每一个子集都将抵消另一个子集，或者减缓其趋势，或者改变其弧度……PageRank的构成方式是绝密的，而且像可口可乐的绝密配方一样被小心翼翼地保护着。PageRank由一套复杂的分数、指数以及其他均方根偏差等数学计算法构成，那些曾有幸了解PageRank内部情况的人证实，经过不断的提炼、完善和整合，阐述PageRank构成方式的文件长达数页。

另一个复杂的方程式将为谷歌的两位创始人以及新任总经理带来巨额财富：这就是谷歌根据AdWords系统对广告的显示进行管理的方程式。

AdWords的部分运作方式在几个月后才初露端倪，其呈现方式就是对关键词的竞价拍卖。

Overture最先尝试使用点击付费方式时，似乎谁也无法预计它将在日后的广告界大行其道。与传统方式中支付一定费用进行大规模广告宣传活动不同，按照这种方式，广告客户能够选择目标人群进行针对性宣传。例如，某个保险公司的网站链接只会在网民搜索某些关键词时才会出现，这些关键词可能是：保险、保单、多种险保险、水灾损失，等等。

我们由此列出了下列运作程序：

1. 一位网民在搜索引擎中输入“保险”这一关键词。

2. 搜索结果中出现了保险公司的名称：Assur-auto 保险公司、ByB 保险公司、HBM 保险公司，等等。

3. 如果这位网民点击了 ByB 公司的链接，那么这家公司就将向搜索引擎支付一定的费用。

Overture 这一系统的关键之处在于，企业为一次点击支付的费用是不确定的，它并没有一个价格表，标明“保险”这一关键词的价格为 3 美元，“长号”这一关键词的价格为 10 美分，Overture 的绝妙创意就是建立一个竞价系统来确定最终的价格。举例来说，如果 ByB 保险公司愿意为“保险”这一关键词支付 3 美元，而且没有其他保险公司出价高过它，那么 ByB 公司就将出现在搜索结果中排序第一的位置。但是，如果 HBM 保险公司愿意给出 4 美元的价格，那么这家公司将成为“分类排序”中的第一名，而如果 Assur-auto 保险公司再将价格抬高到 5 美元，那么它就占据第一，以此类推……

这种商业模式获得了巨大的成功，逐步被众多的网站所采用。2001 年 11 月，雅虎也开始使用这种竞价模式。佩奇和布林对这一模式进行了认真的研究和细心的加工改造，并最终使得谷歌从众多的同类企业中脱颖而出。他们的方式是建立一个与 Overture 类似的竞价系统，同时也要考虑广告客户的受欢迎程度。例如岛屿之乐公司提供远洋旅行服务，它可能会希望购买诸如“长途旅行”、“岛屿”、“游轮”之类的关键词。为了能够有更多的机会在排序中获得第一的位置，最符合逻辑的方式就是它的出价高过其他广告客户：在其他广告客户只愿意为每个关键词支付 0.5 欧元的时候，它出价 1 欧元。但是如果这样就会出现一个非常奇怪的结果，因为即使岛屿之乐公司成为搜索结果右侧显示栏中的第一名，谷歌也从中挣不了多少钱。于是谷歌十分聪明地在 AdWords 系统中加入了类似 PageRank 的计算方法：最受欢迎、点击率最高的商业网站才最有可能占据排序第一的位置。

例如，远行度假公司以比岛屿之乐公司更低的价格购买了某个关键词，但如果远行度假公司网站平均每天的访问量有 1 500 人次，而后者平均每天只有 1 200 人次，那么远行度假公司的排名将比岛屿之乐公司更靠前。毫无疑问，这种运作模式能为谷歌带来更多的收益：

——1 200 次点击，每次点击 2.20 欧元，那么谷歌能从岛屿之乐公司获得 2 640 欧元的收入；

——1 500 次点击，每次点击 2.05 欧元，谷歌能从远行度假公司获得的收入是 3 075 欧元。

如果说 PageRank 使谷歌广为人知，那么 AdWords 系统则着实将谷歌打造成了一部令人难以置信的赚钱机器。而这一切，全都是在两个有着狂热好奇心甚至有点疯狂的大学生快乐而自然的冒险之旅中完成的。

Overture创造的点击付费方式由此获得了一次升华。如果说互联网蕴藏了一个神奇的金矿，那么佩奇和布林则毫无疑问挖到了这个宝藏。创造出 AdWords 系统，就好比获得了对这个金矿无限开发的权利，得到了对这个取之不尽的宝藏几乎全部的使用权。

但谷歌在权力之路上走得更远，它甚至将那些租用其搜索引擎服务的网站也变成了 AdWords 系统潜在的分销商。

2002年2月7日，谷歌与一流互联网接入服务商 Earthlink 结成联盟，从而取代了 Earthlink 的前任商业关键词服务提供商 Overture。就像一年前与雅虎的合作一样，谷歌这个拥有480万用户的合作伙伴将在其主页上提供谷歌的搜索引擎服务，而且这一次，合作范围并没有局限于此，Earthlink 的用户在其主页上不仅看到了谷歌的搜索引擎，更体验到了著名的 AdWords 服务。双方最终达成的协议是，谷歌通过 Earthlink 网页获得的广告收入将由它们共同分享，由此，这种取之不尽的赢利系统开始逐步得到推广。

随之而来，谷歌签订了一系列重要的合作协议。2002年5月1日，美国在线宣布将由谷歌为其主页提供搜索引擎服务，这则信息的效应是巨大的：宣布消息的第二天，美国在线的3 400万用户就体验到了谷歌的搜索服务，当然也包括它的（AdWords）服务。随后，谷歌又拆散了 Inktomi 和 Overture 的合作。

失去与美国在线以及 Earthlink 的合作关系标志着 Overture 发展历史的急转而下。但是无论如何，Overture 曾注册过关于其广告技术的专利——第6269361号专利——它甚至完全可以指望谷歌向其支付专利使用费。于是2002年春天，一场旷日持久的专利诉讼案正式打响，其涉及的范围也在随后的一年内不断扩大。

7月19日，谷歌与其在搜索引擎领域的竞争对手 Ask Jeeves 达成合作协议，并将 AdWords 服务引入到 Ask Jeeves 的网页上。在随后的三年里，该项服务带来的市场收益高达 1 亿美元。当然，这些收入由两家企业共同分享，这对于 Overture 来说，无异于又一次雪上加霜的沉重打击。

谷歌的统治地位逐渐巩固，搜索结果日益重要，以至于某个企业在谷歌搜索结果中显示位置的略微变化都会对这家企业产生重大影响。根据研究机构 StatMarket 在 2002 年秋天进行的分析，得益于与雅虎以及美国在线的合作，谷歌几乎控制了网站链接中全部网络流量的四分之三。由此可见，那些利用网络招揽顾客的企业将更加依靠在谷歌搜索结果中的位置来决定企业的生存状况。

因此，许多企业的首要商业目标就是使自己的网站链接显示在谷歌搜索结果的第一个页面上。于是乎很自然地，它们要想方设法利用 PageRank 算法的漏洞。最聪明的做法就是人为建立许多网络链接指向自己的网站，以便改善其在 PageRank 中的排名。

然而，PageRank 的算法也在不断改进和完善。经过修正之后的 PageRank 甚至可以检测出这种投机取巧的作弊手法。

当谷歌认定出一个“虚假链接”系统时，所有与之相关的网站在谷歌搜索结果中的排序都会被远远抛在后面，这种情况对于弄虚作假的企业而言，显然会带来严重的财务灾难。

经过几个月的运行，谷歌逐渐显现的实力给网民们曾经习惯的搜索服务提供商带来了巨大的压力，这其中就包括 AltaVist 和雅虎。2002 年对于谷歌来说是赚得盆满钵满的一年，它实现了 4.4 亿美元的收入，其中利润就高达 1 亿美元。随后，谷歌的服务开始向多样化发展，2002 年 12 月 11 日，Froogle 以“beta”（未正式发布的试用版本）形式正式投入使用。

Froogle 是一个与 Kelkoo 相类似的购物搜索引擎，搜索结果会以表格或清单的形式显示，界面简洁而且反应迅速——这又一次体现了谷歌的成功经验。如果用户选择“清单”形式显示结果，搜索结果中将显示出被搜索产品的照片、名称、价格、说明以及网络链接。当然，产品也可以按照价格顺序进行排列，或者仅仅显示某个价格段的产品。Froogle 的出现再一次证明了设计者希望提供最全面信息服务的理念，出现在 Froogle 搜索结果中的企业不用为此支付一分钱，因此，搜索结果中的排序也不是根据商家支付的费用而产生。但是与此同时，谷歌特有的定位广告再一次出现在了网页右侧的显示栏中。

AdSense 程序的出现将为谷歌这支冲天而起的火箭提供强有力的第三级助推器。这个新开发出的程序就像链条的最后一环一样，将会为 Google 提供一个无限的潜在利润源泉。AdSense 最主要的原理就是向各种各样的网站推广 Google 的 AdWords 技术，让它们在自己的网页上引入 AdWords 系统。创意可谓令人生畏，因为这种系统可以无限制的扩展延伸。

一个网站通过 AdSense 系统在自己的网页上放置 AdWords，它本身根本不会损失任何利益，而且恰恰相反的是会有丰厚的回报。就拿一个以介绍自行车为主题的网站为例，如果这个网站采用 AdSense，那么谷歌将负责给它提供与主题直接相关的商业广告链接，例如某自行车商店的链接，由这个自行车网站将这些商业广告链接显示在自己的网页上。网民在这个网站上对商业广告链接的每一次点击都将给谷歌带来一定的收益，而谷歌又会将这些收益返还一部分给这个自行车网站！

时间一天天过去，谷歌像经纪人一样孜孜不倦地到处推销它的

AdWords 系统。而且，对于谷歌来说，整个网络都是潜在的客户，它的努力最终获得了回报，2003 年 4 月，亚马逊同意接受在其网页上放置 AdSense 系统。

渐渐地，谷歌对雅虎显示出了威胁，但后者似乎仍然专心于为自己寻找理想的合作伙伴。这个时候已经不是大卫·费罗和杨致远向斯坦福大学的小兄弟们伸出援助之手的年代了……

雅虎的总经理特里·塞梅尔在回忆这一段历史的时候，总会表现出某种错过良机的遗憾，因为就在 2000 年年初他刚刚在雅虎上任时，杨致远和大卫·费罗都曾劝说他收购谷歌。

特里·塞梅尔曾就收购问题与佩奇和布林会面，当时他们的出价是 10 亿美元，同时还要求保留某些权力。但仅仅过了不久，当塞梅尔再次与他们交换意见时，两位创始人已经将价码提高到了 30 亿美元，拒绝了这个要价的塞梅尔在后来谈及此次未成功的收购交易时，始终将其视为自己最大的败笔。

当时，雅虎已经收购了多个搜索引擎，包括 Inktomi、AltaVista 以及 AllTheWeb，因此，拥有这些搜索引擎的雅虎似乎完全不再需要依靠谷歌的搜索服务。2003 年 7 月，雅虎终止了与谷歌的合作协议，在谷歌方面看来，这种疏远是合乎逻辑的，因为该合作所带来的收入仅仅占其总收入的 3%。但真正的冒险还在后面，在反击谷歌的一系列行动中，雅虎最终决定收购 Overture——而且是以 16.3 亿美元的高价。Overture 不仅开发出了与 AdWords 以及 AdSense 相似的广告系统，而且还曾为此与谷歌对簿公堂。

从此，拉里·佩奇和塞吉·布林的新兴公司开始了一场商业领域，同时也是司法领域的全面战争，而它的对手，正是互联网上最重要的巨头之一：雅虎！

八、自选新闻

谷歌新闻服务的一项主要内容于2003年夏天正式运行：这就是自动通知系统。利用这套系统，用户可以选定一个新闻主题，然后通过电子邮件接收所有与之相关的新闻。

谷歌一直在企业内部鼓励自由实验各种创意，每位员工每周都有一天时间可以用来进行自己的研究。2001年秋天，来自印度的克利须那·伯哈拉特提出了一个被称为“News”（新闻，法语称为“Actualités”）的创意计划。在“新闻”项目的基础之上，谷歌开发出了一种新的服务。

出生在印度南部班加罗尔地区的克利须那·伯哈拉特于1996在佐治亚理工学院获得计算机专业博士学位，这所位于佐治亚州的大学一向以其在科技领域的尖端技术研究而著称。正是在这里，克利须那·伯哈拉特于1994年开发出了第一个交互式新闻报纸：Krakatoa Chronicle。

“当时，我所感兴趣的是，对网上的新闻进行选择性收集，并将它们个性化”，伯哈拉特解释说，“那段时间，我一直尝试收集美联社的新闻，并将它们按照用户感兴趣的主题分类统一到一种格式下。如果用户很长时间内都在阅读某个特定类型的文章，网站会将他的习惯记录下来，于是等到第二天，他会发现，所看到的报纸已经按照他的爱好进行了修订，而且报纸上的版面也会根据文章内容自动进行分类布置。”[①]

毕业后，伯哈拉特受聘至DEC计算机公司的研究中心，在那里工作的三年间，他主要负责计算机的开发研究。1999年加入谷歌后，他开始致力于优化PageRank算法的搜索结果，他所进行的研究计划还产生了一项专利，并于2001年1月30日获得了正式专利认证。

2001年9月11日，和许多普通的美国人一样，伯哈拉特不断尝试通过各种新闻媒体弄清到底发生了什么事，为什么会这样。“所有的报纸都在报道人物、事件、时间、地点。然而，最大的问题在于：为什么？为什么这一切会发生？接下来又将要发生什么事？”

与大多数同胞一样，伯哈拉特花了相当长的时间在网上浏览“9·11”事件的相关新闻。但是他所感受到的只有失望：“在不断变化的网络数据中搜寻有用的信息实在是一件枯燥乏味的工作。我当时就希望能开发出一种程序工具自动完成这些搜索工作：事件每出现一项新进展，它都能提取出所有与之相关的新闻文章。”[②]

凭借从事大规模数据文件分析研究的工作经验，以及对“新闻的特殊敏锐直觉”，克利须那·伯哈拉特开始对各种不同的信息来源进行研究分析，并尝试找出其中某些文章中的共同点。对于众多报道同一主题的新闻，如何分辨出它们之间的差别呢？伯哈拉特开发的系统每小时能够分析20个被访问的信息源，并从中辨别出新的信

① 《在线新闻评论》，2003年9月25日版。
② Rediff.com，2002年10月18日版。

息内容，他通过相似性来分类所有的新闻文章，并将最新的内容放到最显著的位置。伯哈拉特解释说，“这只是一个数学问题”，在这个系统的第一个测试版本能够正常运行后，他立即开始针对 200 个信息源进行分析试验。

经过几个月的测试，克利须那·伯哈拉特在公司内部进行了一次示范讲解，他的同事们都对这项技术都给予了高度关注。一个试用者甚至建议创建主题分组以更好地按类别排列新闻信息，例如：经济、科技、文化……这个建议很快就被付诸实施。此后，这个由伯哈拉特设计的软件开始像过去的杂志目录一样为读者分类排列信息。施米特亲自拜访了伯哈拉特，对他开发出这项服务技术表示祝贺，而且告诉他，佩奇和布林计划采用这项技术。

2002 年 3 月，“谷歌新闻”开始被放置到测试网站上运行，之所以如此低调地投放到互联网上，是因为它仍然需要在网站的内部网页上进行测试以便进一步的修正。受到第一阶段试验良好结果的鼓舞，谷歌决定加快研究进程。很快，就有 5 位工程师加入到克利须那·伯哈拉特的研究队伍中，协助他进行开发工作。7 个月后，程序的开发获得了重大进展：它能每 15 分钟分析扫描 4 000 个信息源，每天提供 10 000 余篇文章。至此，“谷歌新闻”正式开始运行。

谷歌的这项新服务没能避免引发某些方面，尤其是来自杂志社的质疑。谷歌是否有权通过提供指向某家媒体的新闻内容的链接来获取利润呢？面对质疑，谷歌采取了十分惊人的行动，那就是毫不犹豫地反复强调这项服务的特点：它要让大众相信，“谷歌新闻”——即使在谷歌搜索引擎的首页就能使用这项服务，但它也只是测试版本，而且无论如何都不会最终定型。直到一年之后，“谷歌新闻”服务已经有了 9 种不同语言的版本，其中一种在法国使用的时候，这项服务仍然只是测试版本，显然这种状况还将持续很多年！[①]

随着谷歌搜索硬件装置的诞生，谷歌一直宣扬的全免费策略似乎暂停了下来，众多的企业在使用谷歌的搜索引擎后都表达了一个愿望：在内部网络上也需要使用谷歌的搜索技术。许多计算机管理员都证实："十分滑稽的状况是，从我们自己的计算机中找到某些文件信息似乎比进行网络搜索要困难得多"。

作为谷歌向企业级用户提供的搜索工具，谷歌搜索硬件装置可以进行 data mining（数据探测），购买该硬件装置的基础价格是32 000美元，按照企业内部文件的数据量逐级递增。很快，这项服务就得到了各领域用户的广泛采用，包括美国军方、红十字会、PBS信息频道、今日美国杂志，以及太阳微系统计算机公司。

该项产品的用户中，有一些人在谷歌的网站上留下了他们的使用意见，有人这样写道："我们曾经用另一个搜索软件产品工作了6个月时间，最终才找到一个差不多的结果，然而使用你们的设备，我们只用了1个小时就得到了更满意的结果。"另一些人则表示，过去，出于可靠性方面的考虑，搜索工具一直很少被使用，但是安装了谷歌搜索硬件装置之后，搜索请求就一直在不断增加。拿其中一家企业为例，企业内部的搜索请求量很快就翻了一番。

谷歌新闻服务的一项主要内容于2003年夏天正式运行：这就是自动通知系统。利用这套系统，用户可以选定一个新闻主题，然后通过电子邮件接收所有与之相关的新闻。

---

① 2006年12月，法文版的谷歌新闻服务仍然是"测试版"。谷歌美国版则于2006年1月取消了这种说法。

但是这引起了不少信息媒体的质疑："谷歌新闻"引用的信息源到底有哪些？它依据什么标准来选择一则信息或一篇文章，将它们显示到当天的新闻摘要中？为什么一些博客（网民所写的私人日志）内容能够被认为信息来源可靠，并被收录到"谷歌新闻"中呢？

面对潮水般涌来的疑问，谷歌开始确定一条后来成为其发展战略的应对措施：保持绝对的沉默。一如 PageRank 程序没有被公开一样，"谷歌新闻"的信息源列表被严格保密。拉里·佩奇、塞吉·布林和埃里克·E·施米特已经明白，面对外界的猜疑，最好的回应就是保持沉默。

"谷歌新闻"很快发展成了一个充满理性的索引工具，而且还表现出了相当开放的态度。虽然在刚开始进行开发工作的时候，克利须那·伯哈拉特并没有放弃利用这种服务进行赢利活动的想法，但为了避免可能的法律障碍，这种通过新闻服务赢利的想法始终没有被付诸实施。"谷歌新闻"会始终免费，也不会给谷歌带来任何收入。(搜索结果的显示页面上不会出现任何 AdWords)。

"谷歌新闻"能够培养网民对于品牌的信任，也能增加他们对搜索引擎本身的忠诚度，这是一项出于全盘战略的考虑。由于提供了网络活动中最常用的服务——大多数网民在打开 IE 浏览器或者其他浏览器的时候，就能第一眼看到这项服务——谷歌由此使得 AdWords 获得点击的概率实现了尽可能的最大化。佩奇和布林似乎已经明白，必须提供更多的服务才能获得更多的回报。

但是，有两家新闻媒体似乎对此并不买账，Geste（在线出版服务集团）和法新社并不十分认同谷歌在未经任何批准和授权的情况下，就从它们的数据库中提取新闻标题的做法。于是 2005 年年底，这家法国新闻媒体向谷歌提出了诉讼，要求 1 750 万欧元的赔偿。

谷歌的两位创始人，从一开始就经常幻想能创造出《星际旅行》中描述的万能计算机，但是现在，这台科幻剧中描述的搜索机器似乎已经被谷歌所超越。因为，当人们向《星际旅行》中的计算机系统提出随机问题时，它还需要一段相当长的时间进行思考才能找到合适的答案。因此佩奇相信，完全可以在人工智能研究方面走得更远。

2004 年 3 月，佩奇曾向《商业周刊》的记者解释说，“网络就好比一个超级图书管理员，想象一下吧，有那么一个图书管理员，不仅掌握谷歌拥有的所有知识，而且能够在一瞬间回答所有的提问，这将真正改变世界。”

在同一期杂志中，埃里克·E·施米特描述了自己令人激动的日常生活，他无时无刻不在讨论各种创新计划，没有一天能够做到不与佩奇和布林对话，甚至包括星期六和星期天。施米特解释说，他们经常就某个非常小的细节进行争论，甚至是像选择哪条领带这种小问题。但是，在一个设有总经理，却实际由创始人领导的公司内部经常会遇到的问题，在他们之间并没有出现。“诸如总经理分享不到真正的管理权，或者公司创始人不愿意放弃权力而导致双方无法达成公司决策意见的统一，甚至双方产生矛盾的先例不在少数。但由于董事会早就将这些可能出现的情况与谷歌的两位创始人进行了沟通，因此我们之间没有出现任何这方面的问题。”

在就雅虎以及微软可能带给谷歌的竞争威胁表达自己的看法时，施米特表现得十分冷静而且理智：“拥有真正强大的竞争对手对于一个公司的发展而言是相当重要的，坦率地讲，我认为它们这两家公司的工作都十分出色，竞争能够促使我们更加优秀。”

对于信息搜索领域不断加剧的竞争，施米特也不认为对于谷歌有多大的实质性威胁。因为他曾经参加过许多新技术示范宣传活动，这些看似创意惊人的技术目前大多仍然还只停留在图纸上，不可能大规模地付诸实施。那么，如果微软像当年对待网景浏览器一样使用非常手段，在其新一代操作系统 Windows Vista 中整合进一个搜索程序，谷歌将何去何从呢？对此，施米特认为出现这种风险的可能性很小，因为这个问题目前还不是这两家公司首要考虑的事。

十分罕见的是，施米特对于谷歌前景的看好却表现得十分理智和保守。他表示，其他的公司也能够开发出好的技术，而且市场空间也足够容纳多个同类型的公司："谷歌的技术将是搜索领域的一分子，但它不是唯一的搜索技术。"施米特的这种谦逊态度足以使那些将目光局限在软件市场，自吹自擂、妄加评论的人哑口无言。

公司成立 5 年后，谷歌的年收入已经达到了 15 亿美元，其中利润超过 3.4 亿。不管大家的态度如何，谷歌似乎已经具备了上市的条件。

现在，两位斯坦福大学学生眼前所展现的未来，已经远远超过了他们当初的预期。他们亲手写就的历史将见证他们进入百万富翁的行列，他们的照片也将出现在《Fores》和《财富》杂志的封面上。

但是佩奇和布林却没有一点有钱人的派头，这两位谷歌创始人仍然租住在普通的公寓里，他们最常穿的仍然是休闲服，而且对正装不屑一顾。他们各自开着一辆普锐斯——丰田汽车公司生产的一款由电力提供部分驱动力的混合动力汽车——这完全符合他们的环保理念。在条件允许的时候，佩奇喜欢玩滚轴和骑自行车，而布林则喜欢收藏研究 Segway（思维车）等各种有趣的交通工具。

的确，佩奇和布林似乎很享受开发搜索技术和发展谷歌的过程。可是一旦谷歌在纳斯达克上市，需要回报投资者的时候，一切将变成什么样子呢？

九、上市

佩奇和布林已经做好了准备，在条件允许的情况下，由他们独立操作公司的上市，甚至完全抛弃那些居心叵测的合作人！

商场如战场，复杂多变，弱肉强食，一切纯真朴实在这里都没有立足之地。精通商业利润之道的幕僚往往懂得如何操纵和引导日后将成为富翁的新兴公司创始人，为他们描述拥有私人飞机和经常参加豪华宴会的美好将来。而事实上，这些人就像围棋冠军一样精于算计，狡黠圆滑是他们的基本功之一，应对这些人的唯一办法就是：加倍小心谨慎，而且要学会如何与这种自认为能够掌控一切的商人周旋。

佩奇和布林，虽然经常性地交换意见，却没有在这方面进行过深入的探讨。他们仍然天真地认为约翰·杜尔或者迈克尔·莫瑞茨对谷歌将来的发展计划不会仅仅考虑投资公司的利益，而且会更好地保证那些将全部积蓄投入到养老基金中，希望从中获得投资回报的普通退休投资者的利益。然而，他们错了，但这就是华尔街的现实。

公司上市的过程就是一条艰险的漫漫长路。梦想着积聚美元、日元以及荷兰盾等国际资本的公司老板很快就会飘飘然不知所以，然而稍不留心他就可能失去一切，他的原始股份、他的平静生活，甚至还有他的工作和原本属于他的企业。幸运的是，总会存在一个小小的机会，可以使他从这种困境中脱身。

现在，等待谷歌的两位创始人去破解的新方程式是：避免陷入上市过程中可能的危险，找到那个小小的机会，将自己手中的王牌使用到极致，同时只给那些希望从中牟利的合作者做最小的让步。佩奇和布林已经做好了准备，在条件允许的情况下，由他们独立操作公司的上市，甚至完全抛弃那些居心叵测的合作人！

如果说谷歌两位创始人的初衷是为了推动互联网的信息搜索服务，是为了向包括竞争对手在内的所有人推行他们的技术，如果说他们的愿望还包括了坚持聘用一流的工程师，并且为后者提供理想的工作生活环境，那么金融商人的目标则显得十分简单直接，那就是让投资带来巨大的回报，赚取尽可能多的利润。为了这个目的，他们甚至可以在风向变化的时候及时弃船，将船长留在他那即将遇难的舰船上！

总之，谷歌的两位创始人就像防范鼠疫一样尽量避免那些在他们看来可能影响公司向正确方向发展的因素。他们尽可能地延缓了聘请总经理的时间，因为他们担心这位受旧式教育长大的50岁老头无法融入他们的企业。虽然他们最终接受了埃里克·E·施米特的到任，但后者也很快就了解到自己要行使管理公司的职责，就必须要保证两位创始人的完全自由。此外，佩奇和布林也接受建议，定期听取比利·坎贝尔关于企业管理方面的意见。但接下来的工作则显得艰难许多：约翰·杜尔和迈克尔·莫瑞茨极力说服佩奇、布林以及施米特，推动谷歌上市。而且，时间紧迫，因为KPCB风险投资公司和红杉资本投资公司两家公司希望尽快收回投资。

在科技股板块的二级市场上市显然是必然之选。佩奇和布林知道他们不可能无限期地推迟上市时间表，而且谷歌也的确可以从中获益良多：上市获得的资本可以帮助公司聘用更多的人才；可以改善公司的基础设施和硬件设备条件；更能够进一步推动公司的服务向多样化发展。凭借上市，他们将可以与软件业巨头如微软、Adobe、索尼等大公司相媲美。

但是习惯独立思考的佩奇和布林，似乎害怕面对上市后需要定期将经营状况交由华尔街金融分析师研究的现实。他们也不愿意将自己的公司发展战略呈现给某个专业评论杂志，因为这些杂志无时无刻不在捕风捉影地找寻诸如管理人员离职或者某项关键计划延期实施的消息。谷歌的创始人喜欢着眼长远地安排工作，他们担心上市之后自己的经营策略会转向将目标仅仅集中在向股东呈交一个不错的季度利润报告。

由公司的所有人变成与千万个小股东以及几个大股东分享企业所有权的股东一员，就好比羊入狼群。很多公司创始人在经历了上市之后，都发现自己的权力被无情地剥夺了。

1985 年，在花费了 4 年多的时间研制并发布 Macintosh 后，史蒂夫·乔布斯被迫离开了苹果公司的领导岗位。因为虽然他在技术创新方面有着无可比拟的天才，但苹果电脑销售推广管理方面的糟糕业绩使他饱受指责，被迫离职。

1981 年创建了康柏公司的罗德·康尼尔，曾带领公司在第一年刷新了计算机的销售记录。1991 年，康柏公司已经成了 IBM 公司在微型计算机领域最主要的竞争者，而就是这个时候，传奇般的罗德·康尼尔被董事会粗暴地解雇，原因在于，这位善良的总裁拒绝进行裁员以改善股票的市场表现。

莲花公司的创始人米切尔·卡普尔曾参与开发的1-2-3软件是1983年和1984年最畅销的软件，然而米切尔也在1986年被一位名叫吉姆·曼兹的金融商人所取代。由于这次人事变动，在之后长达五年的时间内，1-2-3软件始终没有得到任何实质性的改进，因为吉姆·曼兹并没有意识到，不断更新和完善这款给莲花公司带来赢利的软件是多么的重要。与此同时，微软公司则由此打开了市场缺口，发布并推广自己的同类软件：充满创新技术的Excel。

因此，上市过程中佩奇和布林首先要注意的就是保证谷歌的领导权不从手中脱离。但是如何才能做到呢？两位创始人采用了一个人的建议，这个人就是他们眼中的财务管理偶像：亿万富翁沃伦·巴菲特。

2004年正好64岁的沃伦·巴菲特，是仅有的几位在美国个人财富排行榜上曾经超越比尔·盖茨的亿万富翁之一。他和比尔·盖茨曾经于1990年通过《华盛顿邮报》的一位记者介绍进行会面，两人相互欣赏，而且建立了很深厚的友谊。1993年11月，比尔·盖茨和沃伦·巴菲特曾相约在百慕大度假一个星期，深入探讨公司财务管理方面的问题。巴菲特还曾作为极少数获得邀请的嘉宾，参加了1994年1月1日比尔·盖茨在夏威夷拉奈岛举行的婚礼。2006年6月，巴菲特甚至将其个人财产的85%，即300亿美元，捐献给由比尔·盖茨和他的妻子梅琳达·盖茨创办的慈善基金会。

作为伯克希尔·哈撒韦公司的总裁，巴菲特通过精准的股票投资获得了巨额财富，他所投资的股票领域十分广泛，包括：宝石、充气饮料、剃须刀……“巴菲特每天都要花费5～6个小时在办公室阅读各种文章。他会从中提取有用的信息，然后进行长期的分析研究，而且始终坚持自己的原则。十分谦逊的巴菲特总是能够非常简洁地描述出原本十分复杂的事情，我从与他的交往中学到了很多。”比尔·盖茨曾这样评价巴菲特，并表示自己一直通过电子邮件接受后者的建议。佩奇和布林也曾与巴菲特会面，而且发现巴菲特也非常喜爱使用他们开发的搜索引擎工具。

受到巴菲特在伯克希尔·哈撒韦公司所实行的管理方法的启发，佩奇和约翰·杜尔决定将谷歌公司的全部股权划分为两类，以使他们所持有的那部分股权能够保证他们对公司管理的投票权是外部投资人的10倍，从而在根本上避免了公司被外部投资所控制的可能。

与此同时，他们也要回避机构投资者的一切投机行为。机构投资者总是在寻求利润的最大化，习惯于在公司上市时将其市值进行低估，以达到按尽可能低的价格买入股票的目的。随后，在公司上市之后，他们会按高价卖出所持有的数以万计的股票以获得巨额利润。这套程序在网络经济繁荣的年代似乎十分行得通，但它既不会给上市的公司带来利润，也不会给那些对股价完全没有发言权的散户投资人带来利润，因为大的投资机构会精心设计，以低价大规模买入，来获取尽可能多的股票份额。

佩奇和布林因此希望优先采用华尔街所不习惯的 Dutch auction（荷兰股票）模式进行上市。这种由1996年诺贝尔奖获得者——加拿大经济学家威廉·威克瑞发明的交易模式，显然受到了荷兰花卉市场的启发。其运作机制是这样的：买家在一个竞拍系统中各自出价，而且大家都不知道最初的底价。移植到股票市场中，这种模式将保证个人投资者也能买得到股票。一向有民主精神的佩奇和布林显然更愿意选择这种模式，因为它可以保证数百万个人投资者——其中许多人甚至从未买过股票——也能够买到谷歌的股票，而且最少可以只买5股。这种竞价系统有效地避开了大的投资机构以垄断低价大量买入股票的可能性，因此，企业将是最大的受益方。通过在二级市场上市，企业将能获得尽可能多的资金，股票价格也将尽可能接近公众的期望值。

又一次，约翰·杜尔和迈克尔·莫瑞茨不得不屈服于佩奇和布林与众不同的选择，同意谷歌以“荷兰股票”模式完成上市。但是，负责操作上市程序的商业银行，摩根斯坦利银行和瑞士信贷第一波士顿银行，并没有掩饰它们的担忧。令人奇怪的是一些内部传阅的评价书流传到了公司之外，并指出某些高层管理人员表示，谷歌的市值会在上市后飞涨到一个人为的高度，随后急速下跌。此外，谷歌选择 8 月底在纳斯达克上市的时间，也被认为是不合时宜的。

佩奇和布林对这些传言毫不在意，一切都进行得十分顺利，但没想到 Gmail 会成为他们在此过程中的第一个失误。

在此之前，佩奇和布林只和约翰·杜尔、迈克尔·莫瑞茨以及少数几个计算机和网络领域的同行发生过重大的意见分歧，但这一次，也是有史以来第一次，争议的声音来自公众，包括消费者协会、研究人员、自由思想家以及专栏作家这些往往被认为是反成规的群体。

由于佩奇和布林只将关于 Gmail 的创意放在内部进行了评估，而且只与“谷歌人”进行过相关意见的交流，他们完全没有听到任何反对的声音。

布林最初决定开发 Gmail 完全是出于个人的研究目的，因为他希望借此研究谷歌涉足电子邮件服务领域的可能性。对于电子信箱全部内容的管理——足有数 G 字节——在他看来实在不太方便，于是他开发了一套系统可以自动对信件进行分类。渐渐地，一个创意逐渐形成，那就是开发与微软（Hotmail）、Lycos、雅虎相类似的电子邮件服务系统。为此，佩奇和布林对许多他们认为有用的意见进行了研究分析。

在视频和音频文件交换系统大行其道的年代，电子邮件空间容量的限制显得不合时宜。每个人都应该能够将自己度假时拍摄的影像或者在音乐会上录制的声音片段通过电子邮件发送给亲朋好友。然而当时网络上大部分可用的电子邮件服务系统提供的邮件免费存储容量都不超过 20M（1M 即为 100 万字节）。佩奇和布林设计中的电子邮件存储容量远远大于这个数字，Gmail 将为用户提供 1G 空间（即为 10 亿字节）。

大部分的电子邮件系统都会在邮件储存 30 天后将其删除，因此，要想找到一封两年或者更早之前接收的邮件根本是不可能完成的任务。Gmail 的设计恰恰给用户提供了一个这样的机会，每一封邮件都将在某一台计算机中留下备份，而这台计算机正是来自谷歌几个数据中心数以万计的计算机之一。佩奇和布林完全没有考虑到这种服务可能会招致用户的不满。撤销某个操作的可能——这种计算机系统中一直都允许的对误操作进行纠正的权利——却在这里被彻底剔除了。

第三个方面的问题是，由于谷歌的收入主要依靠 AdWords，那么为什么不将 AdWords 广告系统插入到电子邮件当中呢？这显然是对免费服务的一种正当补偿。正是在这个问题上，存在着最为激烈的争论：佩奇和布林希望根据用户的兴趣爱好提供相关的广告，因此 Gmail 将对电子邮件的内容进行分析，以便从中发现潜在的关键词。如果某个网民在他的电子邮件中表达出他正在寻找一张乒乓球台，一则与该信息相关的广告就将会显示在邮件页面的下方，然而佩奇和布林却没有预见到这个原本充满智慧的创意会激起网民群体的抗议。

Gmail 于 2004 年 4 月 1 日正式开始运行——之所以选择这个日子，显然是为了加入某种幽默成分。但是，它的功能介绍却根本不能引起用户的笑声，在接下来的一段时间内，Gmail 完全成了媒体和网民口诛笔伐的对象。备受争议的两个主要方面包括对邮件几乎无限的储存，以及插入与内容相关的广告。

4 月 10 日，电子边界基金会（EFF）的凯文·班克斯顿对 Gmail 发表了看法。这一表态是具有决定性的，因为 EFF 在过去的 15 年间，一直致力于维护网络上的人权和言论自由，防范网上潜在的间谍行为以及美国政府和少数网络巨头对网络信息的监控。凯文·班克斯顿要求谷歌公布 Gmail 全部的运行机制，他公开表示：“人们有权利知道谷歌从他们的电子邮件中提取了哪些信息？谷歌是否对这些信息痕迹进行了储存，储存的时间又有多久？”

班克斯顿所提的问题同样还涉及数据储存方面：“个人的 Gmail 邮箱地址以及所有能确定个人身份的信息是否都会与系统中记录在这个人名下的信息数据联系起来，甚至是与他在谷歌中的搜索记录关联起来呢？”

对此问题，班克斯顿举例说，由于谷歌的信息系统有着海量的存储容量，它将能够保存用户计算机的 IP 地址（每台计算机都具有的唯一的数字识别码）。他的疑虑在于，谷歌有可能集中分析所有与某一网民相关的数据，然后总结出这个网民的兴趣爱好等相关信息，以便用于商业广告或者其他用途。

“谷歌随后关于个人隐私权的说明显示，它已经做好了接受与之相关的‘反馈意见’的准备，因为 Gmail 服务目前仍处于测试阶段”，班克斯顿表示，“这种态度是值得尊敬的，但是与此同时，只要我们不了解事实的全部，我们就不可能提出真正有建设性的‘反馈意见’”。

2004年春天由Gmail引发的议论并不是什么好事，因为谷歌正计划在当年的夏末上市。谷歌的管理者花费了相当的气力，试图说明对电子邮件的分析是由计算机自动完成，而非由谷歌的员工进行人工操作，但麻烦并没有就此结束。

4月23日的《Eweek》[1] 上，发表了塞吉·布林接受专栏作家史蒂夫·吉尔摩采访的文章。布林对于无限制储存邮件的想法开始出现了转变，“是否有可能删除邮件？或者一切都将继续保存在服务器上？”，面对记者的提问，布林回答道：“不，不，问题在于之前我们没有进行详细全面的解释说明。事实是这样的，我们一直在进行海量的存储工作，因此在这种情况下，我们不能保证删除即刻完成。但那些储存在硬盘上的内容——完全是网络之下的——迟早我们都会将它删除，我们只保证这种删除将是即刻的。”

5月6日，著名的华尔街日报在其“科技”专栏中刊登了专栏作家沃尔特·莫斯博格的文章。文章说，Gmail令人不寒而栗，因为它将损害用户的个人隐私。沃尔特甚至表示谷歌和美国政府可能将这种技术用于不正当的用途，同时他还建议谷歌为用户提供没有广告的Gmail服务，哪怕将其变成收费项目。

如果约翰·杜尔和迈克尔·莫瑞茨认为Gmail的遭遇将引起佩奇和布林的反思，那么他们很快就会感到失望。因为此时，谷歌的两位创始人比以往任何时候都更坚持他们的独特想法，坚持他们为企业规划的发展方向。

---

① 《Eweek》，2004年4月23日版。

4月底，佩奇向董事会表示，他决定按照沃伦·巴菲特常用的方式，发表一封致投资人的公开信。这引发了许多相关人士的恐慌，因为当时距离向美国证券交易委员会（SEC）提交正式文件的规定时间已经非常接近了。

在发表公开信的前一天晚上，约翰·杜尔去了Googleplex，以期了解更多的情况，更安心地面对即将到来的复杂局面。在午夜到来的时候，佩奇仍然在认真准备他的公开信。杜尔重新看了一遍公开信，很快发现了其中将令有关方面感到震惊的部分。最终他勉强说服了佩奇要尽可能在公布之前对公开信进行仔细认真的审核修改。

在公开信的开始部分中，佩奇和布林再次强调了他们的座右铭："不作恶"。从头到尾，这篇致全体股东的公开信一直在向大家阐述谷歌的企业精神，也就是两位创始人永远不会放弃的原则："布林和我本人当初创立谷歌就是因为我们希望能够为全世界带来一种重要的服务——无论搜寻的主题是什么，我们的搜索引擎都能即刻给出恰当的符合要求的答案。为用户提供良好的服务一直是我们开展工作的核心，而且始终是我们优先考虑的第一要务。创造出当初我们所设想的东西，我们感到十分自豪，正因为此，我们希望我们将来创造出来的服务也能为全世界带来积极正面的影响。"

根据佩奇和布林的看法，研究和管理全世界的网络信息是一件非常重要的任务，必须由一家值得信任且关注公众利益的公司来承担。

"谷歌不是一家传统意义上的公司。我们也不希望将它打造成一家传统公司。在谷歌的整个发展过程中，我们一直坚持用一种全新的方式去管理它。与此同时，我们也为公司营造出了一种富有创造性和挑战性的氛围，而这一切，都能帮助我们准确、迅速、自由地对网络信息进行研究，为全世界范围内使用谷歌技术的用户提供最好的服务。”

在介绍公司的部分中，涉及“风险因素”时，谷歌的两位创始人指出他们最主要的竞争者是微软和雅虎，而更广泛地看，所有那些提供网络信息搜索服务，并且在搜索过程中提供广告的公司都是谷歌的竞争对手。

来自微软的竞争是十分严峻的，这家公司拥有比谷歌多 20 余倍的员工数量，而且握有大量的财务储备。2000 年 6 月，雅虎曾开始使用谷歌的搜索技术以改善它的索引目录服务，但这种良好的合作关系在 2003 年 7 月终止，而且谷歌的子公司 Overture 向谷歌提起的诉讼案对于后者来说更是实实在在的威胁，因为诉讼的目标直指 AdWords 系统，这正是谷歌主要的利润来源。

佩奇毫不掩饰地承认 AdWords 正是谷歌的致命弱点：因为谷歌 2003 年收入的 97%，以及 2004 年第一季度已实现收入的 98%都来自于 AdWords 广告系统。在这个不稳定的市场中，只有最优秀的公司才能生存：“我们的广告客户只有在他们的广告投入获得销售回报的时候，才会继续与我们的合作”。

在列举了各种可能存在的风险，以及承认大的广告客户往往更倾向于选择传统的广告媒体之后，佩奇指出唯一的应对方式就是：“继续坚持创新，开发有用的服务产品，提供高品质的互联网服务”。

佩奇还补充指出，如果说布林和他本人均十分看好谷歌的上市，并且相信上市会给他们的员工、股东、客户以及用户带来实质性好处的话，那么他们更清楚地看到了潜在的丧失独立性和客观性的危险。他们不愿意屈服于专注短期利益的董事会各种近乎疯狂的要求：“我们的目标是不断开发和改进服务，以有效地改善大部分人的生活。在追求这个目标的过程中，我们必须要完成那些对世界有积极影响的工作，即使这些工作没有短期的利润回报。例如，我们努力使谷歌的服务能够被尽可能广泛的人群所使用，目前已经提供了90种语言的不同版本，而且最重要的是，我们始终坚持免费。广告是我们的主要收入来源，但是我们所提供的广告都是有用且与主题相关的，绝不会显得粗暴野蛮、令人恼火”。

当然，沃伦·巴菲特也在文章中被作为例子引用：“就如沃伦·巴菲特所说，我们不会试图将某一年或者某一季度的赢利状况粉饰得光鲜夺目，因为当公司内部的财务数据变得糟糕的时候，股东的收益也将会受到实质影响”。

在文章结束前，佩奇和布林没有忘记再次谈及他们的慈善愿望，他们提到了自己建立的谷歌基金会，以及承诺将公司1%的利润捐献给基金会。“我们希望有那么一天，这个基金会在全世界的知名度会超过谷歌”。

这封由拉里·佩奇拟定的公开信与美国证券交易委员会经常研究的冷冰冰的程式化文章完全不同：整封公开信充满了好莱坞电影般的真挚情感和良好祝福。透过公开信，佩奇和布林不仅再次强调了他们的独立思考能力，而且语气十分的坦诚、友好，没有丝毫的正式和生硬。显然，这封由谷歌创始人写给股东们的公开信发挥了作用，从它被公布的那一刻开始，这封公开信就成了各种商务聚餐和宴会的谈论主题。《新闻周刊》甚至评论说，这篇文章所引起的关注完全超过了鲍勃·伍华德关于美军伊拉克行动的报道文章《攻击计划》。在这篇文章中，鲍勃将战争的根源归于新一轮对话的失败，因为之前美方所做的推测被证明是完全错误的——美军现在正受到什叶派武装的攻击，但美国政府却根本没有预测到这一点。

谷歌的公开信受到了华尔街金融分析家们的严厉批评，分析家们甚至公开了谷歌准备实施的双重投票系统以及选择以“荷兰股票”方式上市的决定。美国证券交易委员会则要求谷歌方面撤销公开信中的某些部分，尤其是诸如“不作恶”等词句，以及像“致力于建设一个更美好的世界”之类的表达方式。美国证券交易委员会的批评家们也根本不认同谷歌在公开信中，对于提及的众多管理人员以及股东，都只使用了名字。因此，在对谷歌提出的修改意见中，他们加入了一条：为这些名字补充姓氏。被要求修改自己的文章，这是谷歌的两位创始人最不喜欢的事情。

尽管保守的评论家在其评论专栏中对于谷歌这种风格的公开信表示了许多不满，但 2004 年 5 月 3 日，《Money Magazine》发表了一篇对沃伦·巴菲特的专访文章，在采访中，巴菲特对谷歌的两位创始人给予了毫无保留的支持，并且表示了对他们由衷的赞赏。

巴菲特表示，两位创始人给他发了一份谷歌上市计划书的副本，我对他们说：“做得非常好，我很荣幸能够成为计划书最早的读者之一”，这位亿万富翁补充说，“我很高兴地看到，谷歌的这两个小伙子最终决定以最直接的方式与他们未来的股东对话。他们清楚自己将要做什么，也明白哪些事不能做，大部分公司都应该像这样处理问题”。

伯克希尔·哈撒韦公司的管理者之一，查尔斯·芒格也表达了他的看法：“这两个小伙子是这个国家最聪明的两个年轻人，他们值得被其他聪明的年轻人所效仿。”

伯克希尔·哈撒韦公司两位高层所表现出的亲切友好只不过是一种礼貌，但巴菲特对于获得优先阅读权的玩笑也最终以完全出人意料的方式表现了出来。

5月4日，伯克希尔·哈撒韦公司的子公司Geico保险公司向谷歌和Overture提出了诉讼，Geico保险公司曾将汽车保险单商业化，但是，谷歌和Overture却和这家保险公司的竞争对手达成了使用“Geico”这一关键词的商业协议。结果，一些网民在搜索栏中输入“Geico”这个词后，搜索结果中出现的却是这家公司竞争对手的信息！

Geico保险公司的突然行动出现得完全不是时候，不仅仅是因为当时谷歌正处在上市的前夕，而且还在于它将谷歌致美国证券交易委员会公开信中的关键一点暴露出来，那就是：如果谷歌在普通关键词（即除了专有名词和商标名称之外的普通名词）的销售方面受到限制，那么它的收入将受到严重的影响。

对于Geico保险公司的起诉，Overture表示将遵守坚持“诚信使用”的原则，而谷歌则选择了一种更加泰然的回应方式：从4月份开始，无论什么公司都可以在谷歌购买任何一个关键词，甚至包括注册商标。

8月初，佩奇、布林以及施米特开始巡访投资人。紧随其后，谷歌股票的上市价格也被宣布——大约120美元——这似乎有些极端。股票总份额也被明确：2 460万股。

8月9日，发生了一个大事件。在约翰·杜尔和迈克尔·莫瑞茨的压力下，谷歌的两位创始人最终同意与雅虎就Overture提出的诉讼案达成和解协议。为了让谷歌能在上市之前了结这场诉讼战，谷歌将出让270万股份给雅虎（在此之前雅虎已经拥有了谷歌610万股份）。与此同时，作为回报，谷歌获得了Overture注册专利的永久使用权。这一和解协议的代价无疑是相当高昂的：它使得谷歌在当年第三季度的利润收益减少了2.6～2.9亿美元。不过，和解也最终消除了谷歌最大的威胁因素。否则，假设 Overture 赢得了对谷歌的诉讼，那么整个谷歌之塔就可能会轰然倒塌。

所有人的注意力都集中到了 2004 年 8 月 19 日这一天，因为这正是谷歌的股票公开发行的日期。但就在通往胜利之门的最后一刻，谷歌的两位创始人却犯下了一个致命的错误。

早在几个星期之前，佩奇和布林与《花花公子》杂志的作家大卫·谢夫进行了一次深入的采访谈话，内容将被刊登在 2004 年 9 月的《花花公子》上，而且读者们 8 月中旬就可以在报刊亭里看到这期杂志。谢夫是一位颇有名望的作家：他曾是歌手约翰·列侬去世之前最后一个采访他的记者。他还曾出版过两本重要的专著：1993 年出版的对任天堂游戏公司深入且严肃的调查报告，以及 2002 年出版的对中国科技及贸易革命的报告。

在介绍与佩奇和布林会面的引言中，谢夫讲述了他抵达 Googleplex 后的采访经历：他见到塞吉·布林时，后者正光着脚在广场上打排球。而且，在整个采访过程中，谷歌的两位创始人没有一刻是安静地坐着的，他们要么不停地在会议室走来走去，要么就是爬到椅子上。对此，谢夫表达了自己个人的看法：这两位创始人似乎对即将通过股票上市而获得数十亿身家的现实并不感兴趣。这给他留下了深刻的印象："他们非常高兴应对管理一个像谷歌这样成功的公司所必须面临的日常挑战，因为这家公司提供一切有用的服务，致力于行善，而且能使员工在工作中感到快乐"。

在采访过程中，布林和佩奇还表现出了他们一贯的幽默。因此，当谢夫问到"不作恶"是不是他们的座右铭时，布林的回答是："是的，不过我们还有其他的原则"，佩奇则补充说道："例如，我们还十分欣赏节约"。

尽管他们表现得有点言语冲动，但他们仍然发自内心地捍卫自己的原则。为此他们着重解释了谷歌搜索结果中的的网站排名并不是被企业“购买”的。

谢夫于是问道：“那么上市之后，情况将会怎么样呢？如果你们的股东希望你们接受一些规则以使某个网站在谷歌的搜索结果中获得更好的排名，你们会如何应对呢？”

——“不存在这个问题”，布林回答说，“您本人，作为杂志编辑，也不会同意将您的文章进行出售，对不对？那么为什么要将广告和文章本身严格区分开来呢？”

——“我们的文章只有在不受广告商影响的情况下，才能保证它的可信度，如果这条界线不够清楚，我们的读者会群起而攻之的。”

——“就是这样！”佩奇大声赞同说，“对于谷歌而言也是同样的道理，人们之所以使用谷歌，是因为他们信任我们。”

他们还否认了想建立与 MSN 和雅虎类似的门户网站的愿望。佩奇甚至表示，他们的态度恰恰相反：“我们希望用户到谷歌来就是为了能够最快捷地找到他们想要的信息，我们很高兴将用户引导到其他的网站，这才是问题的关键，而门户网站则是努力覆盖所有的信息内容。”

谢夫表示，门户网站这样做的目的是为了让用户尽可能长时间地留在他们的网站里。佩奇反驳说，最关键的问题就在这里，他甚至指出这是一种利益冲突：“我们所希望的是，用户通过使用谷歌能够最迅速地找到正确的目标，这是一种与门户网站完全不同的模式。”

布林也证实，正是这种策略为谷歌的发展作出了贡献，其他正在努力实现服务多样化的搜索引擎公司，并没有如此严肃地对待信息搜索服务："他们希望通过提供多种服务来获得更大的成功，但他们最终发现，不是所有的服务都是相同的。对于大部分网民来说，找到所需要的信息，远比了解自己的星座运程、查询股市行情以及其他的服务重要得多。"

对于谷歌近一段时间所受到的谴责，尤其是谷歌扫描电子邮件以准确投放广告的做法，佩奇和布林也在采访中给予了简单明了的回应，布林解释说，对邮件的复制扫描完全是计算机自动完成的，他还补充道，没有对这些数据进行任何交叉分析。

《花花公子》的文章为佩奇和布林刻画出了一幅诚实、乐观、极其正面的形象，但它选择在 2004 年 8 月 10 日左右出版，却是一个重大失误。在公司上市前夕，公司的领导者应该保持绝对的沉默！毫无疑问，由于允许杂志在此时刊登这篇采访文章，佩奇和布林明显触犯了这一原则，这一事件甚至险些使谷歌在科技股二级市场上市的计划付诸东流。为了避免遭受可能的不利后果，谷歌的律师在最后关头找出了一个解决办法：《花花公子》的文章被作为附件，放在了呈交美国证券交易委员会的正式文件中。

按荷兰股票模式进行的谷歌股票竞价程序于 8 月 13 日正式启动，这一过程持续了 5 天，但结果却并不十分令人满意。在竞价过程中，出价者中有 80%都是机构投资者而非个人投资者，他们给出的买价大都低于谷歌提出的价格。尽管如此，最终仍然达成了交易，股份总额被降到了 19 605 052 股，每股价格则定在了 85 美元。

当谷歌向美国证券交易委员会呈交最终上市报告时，各种因素都是相当有利的：2004 年第一季度，谷歌实现了 14 亿美元的营业额，这一数字是上一年同期的 3 倍，利润则几乎达到了上一年同期的10倍：5.6亿美元。2003年第一季度，这一数字还仅仅只是5 800万。

上市完成后，拉里·佩奇、塞吉·布林和埃里克·E·施米特仍然掌握着谷歌37.6%的股份；余下61.4%的股份中还包括了谷歌管理层所持有的份额，这意味着他们在公司管理方面仍然拥有非常大的自主权。此外，正如向美国证券交易委员会提交的上市文件中所指出的，谷歌的董事会新增加了斯坦福大学校长约翰·汉尼斯、生物技术公司基因公司的总裁阿特·莱文森以及英特尔公司总裁保罗·奥特里尼。

在同年暑期，当美国总统大选吸引了所有美国人目光的时候，谷歌已经在世界范围内招募了1 000余位员工，它的客户名录中已经登记了15万广告发布商，全世界网络上总共存在约100亿个网站，其中有40亿个网站已经被编入了谷歌的索引目录。为了管理网络上日益增长的信息数据，在短短几年内，这些文件数据的数量就从3 000万增加到了数十亿，谷歌将新增上万台计算机设备，作为使用如此海量信息数据的象征，谷歌平均每天要处理两亿次搜索请求。

8月19日，为了这个重要的日子，经常以休闲装出现的拉里·佩奇甚至像外星人一样穿上了正装和白衬衣。与十分紧张的佩奇一起出现在庆祝现场的是他的老朋友们，其中包括埃里克·E·施米特和约翰·杜尔。塞吉·布林则待在了纽约纳斯达克证券交易大楼内的办公室里。这天早晨，《华尔街日报》由于认为谷歌的上市过程“没有被导演好”，因此并没有将当天的事件描绘得多么灿烂辉煌，而是刊登了对《花花公子》上登载的文章进行的评论。

庆祝现场，突然一阵慌乱传到了坐满即将成为富翁的投资者的宾客大厅里，两位身着黑色衣裙的女服务员在后台惊呼，叫喊着赶紧去拿纸巾和清洁剂：佩奇坐在了一盘奶油蛋糕上！然而，佩奇却满面红光地坐得笔直，埃里克·E·施米特于是转向《GQ》杂志的记者说："该发生的事总会发生的，我们还见过比这更糟糕的。"[①]

庆祝活动的开幕式是在美好的预兆下进行的，谷歌的股价涨到了100美元左右，而且受到了持久的热捧，就在当天，谷歌的资产增长了16.7亿美元，这是科技公司上市募集资金的新纪录。

① GQ杂志，《谷歌创新中心之旅》，2005年4月版。

十、世界图书馆

在地球上的任何地方都能够免费获取和使用过去全世界所积累的知识信息。

2004年11月1日，由《品牌周刊》杂志对16 000名消费者进行的一份研究表明，谷歌已经成为美国人最喜爱的品牌，领先于著名的Avis、Verizon、Samsung、Hyatt等。与此同时，在其他排名前20位和互联网有关的商标中，雅虎名列第9，亚马逊则名列第12。

当一个公司能够如此一帆风顺高歌猛进的时候，某些阻碍似乎就会自动消失，2004年12月15日所发生的一切将证明这一点。这一天，谷歌在与Geico保险公司的诉讼案中获胜。法官里奥尼·布林克马在弗吉尼亚法庭上正式宣布："将注册商标作为关键词所引起的广告张贴并不能算做是对已注册商标的侵犯"。

纵观谷歌的发展史，它在金融财务、股票交易以及司法诉讼方面均获取了诸多的胜利。这样的历程很容易让人联想起比尔·盖茨创建微软的发展经历……微软的历史实践证明，坚定不移地走自己的路而不顾虑别人那些因为它的发展而产生的不满是完全行得通的。不管大众对公司的发展是报以欣慰还是感到遗憾，比尔·盖茨的公司正是依靠了这种坚持从而避免了无数的圈套和陷阱，甚至以繁冗拖拉著称的司法系统也没有能够拉住微软的脚步。那些曾经试图以“滥用垄断地位”诉讼对抗微软的某些策略的竞争者，大多数都因为没有足够的资源而未能成功。

那么，谷歌是否也正在逐渐变成另一个微软呢？从某种程度上讲是这样的。上市已经使谷歌发生了根本的变化，公司不断上涨的利润额得以迅速在股票市场中显露。2005 年 1 月初，谷歌的股票价格第一次突破了 200 美元的大关，与 2004 年 8 月的交易价格相比，这个价格已经翻了一番。从这一年的 2 月份起，谷歌的市值就已经增加到了 500 亿美元，这样的市值水平足够使它进入美国最大规模公司的行列。同时，AdWords 所带来的意想不到的好处也增强了投资者的信心。于是，谷歌的股票价格就像被注入了催化剂似的不断飞升。自 6 月份起，它的市价已接近 300 美元，谷歌的市值也由此超过了福特公司和迪斯尼公司，达到了惊人的 800 亿美元。公司的招聘规模也随之不断增加，每天都要录用 8～10 个新员工。这些在公司内部被称作“谷歌人”的新员工无疑将从加盟这场“谷歌奇迹之旅”中获得足够的好处。他们中的 1 200 多人将成为百万富翁，而那些从公司成立之初就在此效力的 80 位员工中，部分人将会拥有数千万美元的资产。

此时此刻，谷歌的两位创始人表现出了前所未有的迅速和急切，他们的雄心壮志是显而易见的：好好利用这座用美元堆成的金山，果断地作出新的抉择，使谷歌向多样化发展。

3 月初，佩奇和布林花费了大约 1 500 万美元（根据航空工业专家估算）从澳大利亚 Quantas 航空公司购买了一架波音 767-200 型客机，用于商务旅行。这架 1987 年交付给 Quantas 航空公司用于载客飞行的客机最初可以容纳180位乘客，2004年停止飞行后经过改装，成为了载客量只有50人的豪华客机。飞机的改造和装修工程造价达到了当初购买价格的两倍，而且每飞行一次就将耗费13 000美元的运行成本。但是，这一切在谷歌两位创始人的眼中，是完全值得的，他们使用这架飞机主要是为了满足谷歌基金会的需要，安排客人往来于非洲和美国之间。更进一步说，这些投入都会获得回报，“我们是以惯有的工程师思维进行判断的”，佩奇解释说，“我们研究过相关的经济和财务标准，发现这样做是非常有意义的”。

2004年，谷歌的关键词就是“发展”，准确地说，谷歌在这一年获得了全方位的发展。和以往一样，免费服务依然是它的核心优势，而AdWords系统则为它提供了稳定的收入来源。

佩奇和布林都十分清楚，他们别无选择，雅虎、美国在线，及其他的网络巨头都是谷歌强大的竞争者，他们绝不会在试图登上互联网巅峰的谷歌面前退让半步。微软公司的首席执行官史蒂夫·鲍尔默更不是一个心慈手软的人，只要他认为需要占领某个市场，他便会考虑采用一切可以使用的手段去达到这个目的。

然而，谷歌似乎拥有赢得这场虚拟战争的客观优势，因为谷歌已经聘用了众多充满热情的工程师，而且懂得爱护和珍惜这些员工，合理安排他们的工作时间以最大限度地激发出他们的创造力。

自认为占尽天时地利的佩奇和布林允许员工开展各种各样的试验研发。于是，谷歌的新服务项目如雨后春笋般不断涌现，2003年有2个，2004年增加到9个，2005年有15个。

这些新项目中，2005年春天开始投入使用的“谷歌地图”能够精确地显示地理位置并帮助人们计算公路线路，这项新服务的特点在于，它能将地图服务与当地的公司数据库交叉引用。这样一来，用户就可以在地图上找到格拉斯小镇上的日本餐厅，或者是苏瓦松地区的动物园。

2005 年 6 月底推出的“谷歌地球”更加令人难忘，将此软件下载到自己的 Mac 或个人计算机中后，用户只需要启动它就能看到一个完整的地球。这个由卫星拍摄的图像能够让我们观察到某一时刻地面的真实状况。随着镜头逐渐逼近自己的国家、地区、城市和街道，用户将能逐步找到自己的房屋、楼宇，至少也能看到其所在的建筑群。毫无疑问，这项服务将吸引用户去探索和发现地球上那些他们已经参观或打算参观的地方。“谷歌地球”甚至能让用户看到拍摄照片时停在家门外的汽车（虽然图像比较模糊，不足以分辨出汽车的品牌和型号）。当然，令人目瞪口呆的地方还远不止这些！

6 月 27 日，“谷歌录像”问世了，这个搜索引擎能够很好地综合所有美国著名频道的节目内容（CNN、探索频道、FOX 新闻、ABC……），以及联合国儿童基金会、绿色和平组织等机构的活动内容。用于显示播放视频的软件是 VLC 程序——由巴黎中央理工学校的学生编写，可以读取各种格式的视频文件。尽管大多数视频录像都是免费的，但在此服务的发展计划中，将为商业视频建立一个电子付费系统，以提供视频点播服务。

那么谷歌的终极目标会是什么呢？2005 年 12 月 15 日，《谷歌故事》一书的作者，戴维·维斯在网上与《华盛顿邮报》读者的一段谈话中透露了他的真实感受：“塞吉·布林对生物学、信息技术和遗传学的交叉学科非常着迷，他设想着有一天，计算机用户们能够‘谷歌’自己的基因”。

然而，在这个永无止境的探索中，谷歌很快就犯下了一个愚蠢的错误。2004 年法兰克福秋季书籍博览会上，谷歌发布了一项旨在将全世界文学遗产著作数字化的计划，引发了激烈的争论，全世界出版界和文化界的许多重要人士不约而同地对谷歌的这一计划表示了反对。

这项计划再一次体现了谷歌的创始人对事物理想、无私且超乎寻常的看法，就像此前佩奇曾计划将网上所有的信息下载到斯坦福大学的计算机中进行研究一样。这一次，他们的计划是将已经面世的全部文学作品数字化。这简直是一个难以估量的挑战！而且最令人惊讶的是，这个能让人联想到金字塔时代的庞大计划，早在谷歌上市成为一家拥有巨额资金的公司之前，就已经成形了。

早在2002年，斯坦福大学图书馆的馆长迈克尔·凯勒曾收到微软的联合创始人之一、也是美国最富有的企业家之一——保罗·艾伦的邀请，参加一个在西雅图附近的圣璜岛上举行的会议。在那里，包括迈克尔·凯勒在内的十余名技术专家汇聚一堂，共同商讨保罗·艾伦酝酿已久的一个计划，这个计划的灵感来自于保罗十分喜欢的一本科幻小说。这本由戈登·迪克森撰写的名为《最后的百科全书》的科幻小说出版于1984年，讲述了一个男人卷入一场银河系争斗的故事。小说的故事是围绕一个名为“最后的百科全书”的空间站展开的。这个在太空轨道上围绕地球旋转的空间站储存了人类所有的知识，谁能控制这个基地，谁就能掌握全人类的命运。

早在几年之前，斯坦福大学就已经开始了一项旨在将其大学图书馆藏书进行数字化的计划，为此，他们还特地购置了一台瑞士制造的自动扫描仪。按照迈克尔·凯勒的计算，购买50台这样的扫描仪——相当于投资7 500万美元——就有可能将斯坦福大学图书馆的所有藏书数字化。在学校内部，大家都是以赞许和期待的目光看待这项计划的，因为要长期保存那些作品，仅仅依靠纸张作为媒介是远远不够的。然而，当凯勒与各个基金会联系，寻求赞助时，却没有一个基金会给予积极的答复。

保罗·艾伦的眼光则要长远和宽广得多，迈克尔·凯勒曾表示，这位退休后一直在圣璜岛静养的亿万富翁在那次会议上向参加会议的专家们提出了一个关键性的问题：“在不久的将来，是否有可能将所有的资料信息、所有的历史事件、所有的思想观点以及所有的批评言论——整个世界历史——全都记录到一个大型数据库里呢?”在这次会议的12位与会者当中，有一位热衷于应对重大技术难题的年轻人——来自谷歌的拉里·佩奇。

2002年的这次会议之后，拉里·佩奇在一次回到家乡的时候，与密歇根大学的几位高层人士谈到了那次会议中关注的问题。他提出谷歌可以负责对该校的书籍资料进行数字化，而且学校不用为此花费一分钱，所有的费用都将由谷歌承担，但条件是允许谷歌的搜索引擎访问和使用这一资源。当然，这还仅仅只是一个构想，没有涉及任何具体的实施办法。

2003年9月，迈克尔·凯勒和他的同事，负责斯坦福大学图书馆开发与发展工作的安德鲁·赫克维克，一同受邀到位于山景城的谷歌总部Googleplex。拉里·佩奇和几位助理在与他们的会谈中，向他们提出了一个不错的建议：“如果谷歌能够将斯坦福大学图书馆所有的藏书进行数字化，你们二位意下如何?”对于这个提议，凯勒和赫克维克一致同意，表示十分支持这个将斯坦福大学的900万藏书进行数字化的计划。但书籍的数字化还不是这一计划的全部，凭借谷歌搜索引擎的强大性能，斯坦福大学的老师和研究人员将能更方便、更有效地利用这一资源。

然而，实现书籍的数字化是一码事，将这些数字化图书放到网上又是另外一码事。迈克尔·凯勒非常清楚，这项计划无论是对于谷歌还是对于斯坦福大学，都不是一件轻而易举的事情，因为大多数图书都拥有自己的版权。为此，这位斯坦福大学的图书馆馆长在接受《华盛顿邮报》专访时曾表示，将来可能会出现围绕某一本图书的版权纠纷案件。例如这本识别编码为 E169D3 的图书，“莉莲·迪恩的这本《这是我们的土地》，在版权页中明确声明，‘Vantage 出版社，1950 年，版权所有’。在当时，这的确是一个明显的警告，但是半个世纪之后，这项声明又意味着什么呢？Vantage 出版社还依然存在吗？版权是否得到了重新注册更新呢？如果答案是肯定的，那么版权归谁所有呢？出版商、作者，还是他的继承人？以及其他许多类似的难以回答的问题。”①

对此，谷歌的法律顾问们提出了他们的解决办法。他们认为，谷歌可以避免将受版权保护的图书的全部内容都放到网上，而只是选取部分内容。这样做的依据是“公平使用”（fair use）原则，类似于法国的“引用权”，它允许在未经许可的情况下复制作品的部分内容。然而，法律专家们还是忽略了一个细节问题：如果不将图书的全部内容数字化，又怎能将摘录部分放到网上呢？

2004 年 10 月，在法兰克福图书博览会上举行的新闻发布会公布此项计划的时候，佩奇和布林着重阐述了将图书数字化，并且对图书节选进行商业化搜索访问的可能性，却没有提及美国各大图书馆的意见。对此，出版商们立即表达了他们对于谷歌的怀疑态度，在他们看来，谷歌是想利用著名的“引用权”为掩护，不经授权就对所有的图书进行数字化。佩奇和布林坚持澄清这样一个事实：放置

① 鲍伯·汤普森，《华盛顿邮报》2006 年 8 月 12 日版。

到网上的图书节选部分将采用一种不能复制到个人计算机上的文件形式。尽管如此，谷歌将全部图书扫描的计划似乎仍然与出版商们坚守图书版权的态度相去甚远。

2004年12月14日，谷歌再次发布消息，对此前关于图书数字化的计划进行了补充说明。这家位于山景城的公司通过一则简短的新闻公报宣布，它正着手进行一项远大的计划：将世界上所有的文学遗产数字化。而且此计划已经获得了多家图书馆的支持，包括斯坦福大学图书馆、密歇根大学图书馆、牛津大学图书馆，以及纽约公共图书馆。但是，为了避免引发潜在的著作权诉讼，牛津大学图书馆和纽约公共图书馆将谷歌文学遗产数字化计划的涉及范围限于公共领域的作品。与上述几家图书馆相比，哈佛大学的西德尼·维巴则显得比较谨慎，对于将哈佛大学的四万余部藏书进行数字化的计划，他仍然保留自己的意见。但是不久之后，谷歌依然宣布将对1 500万册图书进行数字化，当然，它为此付出的成本是相当高的：大约每册图书10美元，也就是说总共需要大约1.5亿美元。

法国国家图书馆馆长让·诺埃尔·詹尼内得知谷歌的图书数字化计划后，唯一的反应就是愤怒。2005年1月24日，他在《世界报》的专栏里开辟了一个名为《当谷歌挑战欧洲》的专题。这位曾任国家通信委员会秘书的馆长毫不留情地批判了谷歌2004年12月14日发布的公告以及将对40.5亿页图书进行数字化的计划。

“面对这样一个宏伟的计划蓝图，人们的第一反应可能仅仅是单纯的欢欣鼓舞”，让·诺埃尔·詹尼内在专栏文章中写道，“看看吧，这个从上个世纪末就开始出现的，类似于救世主降临的美好梦想将在很近的未来得以实现——在地球上的任何地方都能够免费获取和使用过去全世界所积累的知识信息。这样一来，利用科学技术这个武器，贫穷国家和弱势人群终于获得了与强国和富人们平等的获取知识的机会。”然而，在这段夸奖赞誉之后，这位法国国家图书馆馆长也表达了自己对图书数字化计划的忧虑：“毫无疑问，谷歌的计划将使美国在思想文化观念领域拥有占绝对优势的统治地位，而且十分明显的是，世界各国的下一代在接受思想文化教育时，将直接受到这种绝对统治地位的威胁。”让·诺埃尔·詹尼内还解释说，谷歌的图书数字化计划不可能做到全面彻底，而且，受到各种现实因素的影响，它甚至还可能作出一些不恰当的决策。

詹尼内曾经组织过1798年法国大革命200周年纪念活动，他便以此次革命举例，在大多数英国数据库中，关于法国大革命的文学类搜索，结果中排在前列的往往是《深红色的海绿》这本书，而非雨果的《九三年》。前者讲述的是一位英国绅士不顾生命危险，将一些法国贵族从断头台上解救下来的故事；而后者才是介绍罗伯斯庇尔、丹东和马拉的作品。詹尼内担心这种情况会引发对法国文化的曲解，甚至将法国的历史文化美国化，他还补充说，谷歌是以免费的旗号为掩护，利用AdWords获取投资回报。

让·诺埃尔·詹尼内明白，仅仅靠法国的力量是无法进行这场对抗谷歌的战役的，于是他向全欧洲发出了号召：“我们每年在图书数字化方面的花费仅仅只相当于谷歌文学遗产数字化计划项目预算的千分之一。”这位法国国家图书馆馆长以此请求欧盟委员会的高层当机立断，促使布鲁塞尔方面批准一份数额不低的开支预算，以开展与谷歌文学遗产数字化计划相竞争的项目。

让·诺埃尔·詹尼内的呼吁很快就引起了广泛的关注，站起来响应支持的不仅有老师、新闻记者、而且还有政界人士。所有人都感到了同样的担忧——欧洲这个古老大陆的文化遗产正受到实实在在的威胁。4月底，一份由雅克·希拉克（法国）、杰哈德·施罗德（德国）、西尔维奥·贝卢斯科尼（意大利）、亚历山大·克瓦希涅夫斯基（波兰）、何塞·路易斯·罗德里格斯·萨帕特罗（西班牙）和费伦茨·久而恰尼（匈牙利）等多国领导人共同签署的信件送达欧盟，表达了他们对谷歌文学遗产数字化计划的抵制态度。2005年5月29日，在参观巴黎皇宫的过程中，欧洲委员会主席若泽·曼努埃尔·杜朗·巴罗佐和欧元集团主席让·克洛德·容克正式对此发表意见，他们表示，将全力支持建立一个欧洲数字化图书馆，并为其提供合理的预算。

从2005年秋天开始，谷歌的文学遗产数字化计划遭受了一系列的挫折，其中最严重的是一个美国作家保护协会对谷歌的指控，而且还有不少美国和欧洲出版商也对谷歌提起了诉讼。

十一、比光更快

谷歌的季度财务报告再次证明了它迅猛的发展态势，毋庸置疑，谷歌已经成为了世界上赢利能力最强的第一大互联网企业。

对于拉里·佩奇和塞吉·布林来说，2006 年是一帆风顺的一年。《金融时报》将他们评为“2005 年度人物”，而且排名高于日本总理小泉纯一郎和乌克兰总统维克多·尤先科。

2005 年 12 月 9 日，美联社透露，拉里·佩奇和塞吉·布林在 11 月底将他们持有的谷歌股票中的 530 万股套现，各自得到了 13 亿美元。这家报纸同时还补充说，套现之后佩奇和布林两个人还拥有谷歌 3 300 万股的股份，市值 130 亿美元，他们所拥有的财富还将随着谷歌股票价格的攀升而持续增长。除了两位创始人之外，谷歌的另外 14 位高层管理人员一共卖掉了 1 860 万股谷歌股票，获得大约了 43 亿美元的现金。其中，仅谷歌的首席执行官埃里克·E·施米特一人便由此收入了 4.425 亿美元。

作为精明的管理人员，谷歌的三位领导者会为支付哪怕一点点的税而操心。于是，他们从公司领取的薪水只有象征性的 1 美元！这一招并不新鲜，苹果公司的总裁史蒂夫·乔布斯也曾采取这种做法。

经历了由弱到强的发展过程之后，谷歌的实力已经不亚于强大的 Windows 了：数据发展曲线比长篇大论更能说明这一点。2005 年 12 月，网站流量统计机构 Xiti 在 secrets2moteur. com 网站上公布的数据曲线清楚地显示了 2002 年以来，法国各大搜索引擎使用频率的变化。从数据曲线上看，雅虎的崩溃显而易见，MSN 也表现出了显著的下滑趋势，而与此相对，这一时期只有谷歌一直保持着稳定持续的增长态势，其市场份额从 2001 年 9 月的 30.1%上升到 2005 年 12 月的 82%[①]。雅虎虽名列第二，但也仅仅只占 4.9%的市场份额，与其最初 23.3%的市场占有率相差甚远。排名第三的是 Orange 为用户提供的默认搜索引擎，虽然 Orange 是法国互联网接入服务提供商的老大，但其默认搜索引擎仅仅只吸引了 4.5%的网民，而且其中还有五分之一的人是 2001 年 9 月由于捆绑服务才被迫使用的。作为最具人气的在线聊天工具 MSN Messenger 所提供的搜索服务，MSN 搜索引擎也仅仅占有了 3.5%的市场份额。在法国，谷歌已经拥有了无可争议的垄断地位，此时，类似的变化正在世界各国上演，反倒是在美国，这种发展势头要相对缓慢得多。

谷歌一直在不断发展完善自己的服务，并实现服务的多样化：地图服务、照片编辑服务、新闻服务，以及开发洛杉矶地区的无线上网服务、建立大规模光纤网络、寻找基因组……谷歌地图（交通路线）已经可以通过移动电话使用了。Google Ride Finder 能帮助人们预定出租车，并告之需要等候的时间。2002 年收购的 Blogger 工

---

① 2006 年 5 月，谷歌的市场占有率达到了 85.68%，而 voilà. fr 的市场占有率则下跌到了 3.36%。

具（博客创建软件），将能够应用于爱立信的新款手机上。

2006年8月中旬，谷歌又开发出了55种新服务，而且对于这些新服务还能补充一些辅助功能。谷歌的服务已经涉及各个方面，甚至出现了精力过于分散的危险。谷歌从未停止过扩容自己的“武器库”，它鼓励工程师们要充分发挥自己的创意，哪怕是各种突发奇想。谷歌还注重培养全体员工学会沉默和保密。公司上层一直保持着高度的警惕，防止发生商业间谍案件或者某些直接参与项目的设计者无意中泄露相关计划内容。

这家位于山景城的公司已经拥有了相当的影响力，佩奇、布林和同事们关注的每个神秘计划都会引发各种传言。包括亚马逊、微软以及英特尔等公司在内，没有一家计算机或者互联网领域的公司表示尚未感受到来自谷歌的威胁，这种威胁甚至波及到了文化界和传媒领域。很显然，谷歌想要控制所有与信息相关的行业，对于它的迅速扩张，欧洲的各大图书馆和电影公司都表示了质疑。

一些专栏作家还透露，谷歌可能会投入计算机领域，以极低的价格出售装置有Linux系统的个人计算机，而在目前看来，Linux操作系统似乎是无处不在的微软Windows系统唯一的替代者，这种“谷歌”品牌的计算机将会和福特T型车一样获得成功。1908年投入市场的低价福特T型车，曾吸引了众多美国人，并为其制造商福特公司创造了巨额的利润。有消息称，这种大众化计算机将会由类似沃尔玛的大型零售商进行销售，以实现更高的销售量。

另外一些传闻则是关于免费家用计算机操作系统的。有传言说，谷歌正计划推出一项新产品——Google Cube。这个小盒子将使用户能够通过电视机查看家用计算机上的视频和图像。此外，谷歌还有可能收购太阳微系统计算机公司，由于谷歌的首席执行官埃里克·E

·施米特曾执掌太阳公司，这场收购将显得十分的合情合理，而太阳公司开发的 OpenOffice 软件正是微软公司 Office 办公软件的直接竞争者。

这一年晚些时候，又出现了一个新的传闻：谷歌正准备开发自己的微处理器，而且其性能将超过英特尔和 IBM 的处理器。甚至还有传言说，谷歌准备利用其搜索算法去分析研究来自地球之外的某些数据信号，以便从中解析出潜在的信息……这些各种各样的炒作从何而来呢？我们不得而知，但至少有一点可以肯定，那就是谷歌的迅速发展已经引发了许多人的担忧。

佩奇和布林的所有声明都会被分析人士认真研究，特别是在他们的公开讲话次数越来越少的情况下，更是加剧了这种分析和猜测。这两位如狐狸般狡黠的创始人似乎很喜欢看到别人围着自己，不知疲倦地分析猜测他们的下步计划。2006 年 1 月 6 日，在拉斯维加斯举行的国际消费电子展的新闻发布会大厅里，当人们焦急地等待佩奇的时候，这种对他以及谷歌的关注更是达到了顶点。人们都在期待着，他将会宣布什么样的新消息呢？谷歌是将推出计算机产品、文字处理软件、还是视频点播服务？

等待佩奇到场的同时，人们看到了一段介绍其演讲内容的视频，视频片段中首先出现的是一个正在自转的地球，当视频画面最终定格在欧洲大陆上面后，镜头画面开始定位到一个地点并不断放大，显示的图像也越来越清楚，最终的画面与从飞机上看到公路和房屋的景象一样。地球上的各个区域都在这个软件中得到了显示，不管是大海之滨，还是广袤的平原，或者是绵延的大山。“谷歌地球”的性能演示让人们觉得，仿佛世界已经成了这家公司的游戏场，即便是小如弹丸的一块地方都尽在其掌握之中。

16时15分，佩奇终于到达了希尔顿饭店。他乘坐的汽车同样引人关注，这辆名为Stanley的无人驾驶车由斯坦福大学设计，曾因在美国军方科研机构组织的DARPA挑战赛中获胜而一鸣惊人。

身穿实验室工作服的佩奇似乎想以此显示其轻松而严肃的形象，并利用这个机会展现他在科学技术方面的无限热情，从而留给大家像比尔·盖茨或者史蒂夫·乔布斯一样的印象："我之所以要坚持展示这辆斯坦福大学设计制造的汽车，是因为它可以激发我们所有人的灵感。这件人们曾经认为是不可能的事情现在已经得以实现——这辆车可以完全自动驾驶，并且能够适应崎岖的小山路，这简直太不可思议了！"

随后，佩奇花了大约30分钟介绍谷歌关于手机通信方面的新计划。很快，听众们显出了一丝的无聊，因为每个人心里都很清楚谷歌还有其他的新玩意。

虽然有些不耐烦了，但听众们仍然耐着性子，不愿错过任何一点细节内容。终于，佩奇宣布了一则重要消息，这条可以称为当日头条的消息如同在微软的后花园里砸下了一块石头。佩奇的这块石头丢得十分灵巧，仅仅只砸坏了一些灌木，而没有破坏后花园的整个布置，这块石头就是谷歌的新计划——它将会提供一系列的应用软件。"安装这些软件将会变得和访问谷歌的主页一样轻松简单"，佩奇用略带挑逗的语气问道，"猜猜看，它能值多少钱？"

整个大厅的听众即刻异口同声地回答："免费！"

——"你们说对了，它是免费的。"现代版的绿林好汉罗宾汉又一次向人们派送了礼物。除了谷歌自己开发的软件Google Talk和Google Earth之外，谷歌软件包中还将包括Adobe Acrobat（PDF文档编辑软件）、Ad-Aware（防间谍软件）、Firefox（网络浏览器）、诺顿杀毒软件、Picasa（照片管理软件）、RealPlayer（音乐播放软件）和 Trillian（网络即时通信工具软件）等多种应用软件。

虽然，这个软件包里还没有任何软件可以与微软公司 Office 办公软件套装中的主力，也是其主要收入来源的 Word 和 Excel 程序相竞争，但它所带来的威胁还是不容忽视的。因为 Firefox、RealPlayer 和 Trillian 都分别是 IE 浏览器、Windows Media 播放器和 MSN 聊天工具的挑战者，而后三种软件正是比尔·盖茨的拳头产品。尽管这三种软件都是作为 Windows 的附带程序一起捆绑提供，但正是它们大大地提高了 Windows 的影响力，并且在微软与其他硬件制造商的谈判中发挥着重要的作用。

这些精挑细选出来的软件都是针对一些具体需求的。和以往一样，谷歌选择软件仍然坚持其以质量为本的原则。软件的各种功能都配有详细清楚的描述，明确说明了它们是否允许显示广告或插件，而且卸载起来也非常简单。安装软件，在改变计算机系统的任何功能或状态之前，都将会提前通知用户。如果软件程序从第三方接收或者向其发送信息，整个过程也将清楚的显示出来，而且，如果这个软件是另外一个程序的组成部分，那么后者也将遵守相同的规则。

毫无疑问，谷歌宣布这一计划，将被看作是对微软的宣战。在一月份的消费电子展上公布计划之后，谷歌迅速行动，于 2006 年 3 月宣布收购 Writely，这种能够读取 Word 文档的文本处理软件可以直接通过网络在线使用。几个月之后，谷歌又推出了 Google Spreadsheet：一种可以兼容 Excel 的电子表格程序……

在 2006 年 1 月 6 日的演讲中，佩奇表情严肃却语气温和："我们十分乐意宣布我们的新计划，很久以来，布林一直梦想能够让谷歌在各位的脑海中留下深刻印象，为此，我们安排了工作人员为大家做进一步的演示……”演讲的间隙，演员罗宾·威廉姆斯上台表演了一个小品——一个正在上网的人不时被色情垃圾邮件所骚扰。在这个小品表演结束后，佩奇又适时地向大家介绍了谷歌录像服务，显然，一切都是经过精心安排的。

人的外表往往没有太大的区别，而且就佩奇和善可亲的外表看来，谁也不会料想到他将会成为世界上最有影响力的大人物之一。

2006 年 5 月底，福布斯杂志公布了全球年度财富人物排行榜，拥有亿万美元的富翁增长到了 793 名（比上一年多了 102 名），其中有 371 位美国人和 196 位欧洲人（14 位法国人）。他们资产总计达到了 26 000 亿美元，相当于排名世界第 7 的经济体德国一年的国内生产总值。

比尔·盖茨连续 12 年稳居排行榜首位，其资产达到了 500 亿美元，紧随其后的是依次是美国投资商沃伦·巴菲特（420 亿美元）、墨西哥电信巨头卡洛斯·萨利姆·埃卢（300 亿美元）、宜家的创始人，瑞士人英瓦尔·坎普拉德（280 亿美元），和印度钢铁大亨拉克西米·米塔尔（235 亿美元）。法国的首富仍然是 LVMH 集团的贝尔纳·阿尔诺，他以 215 亿美元的资产名列全球财富排行榜第 7 位。

与这些拥有巨额财富的名人们相比，塞吉·布林和拉里·佩奇当然还有一定的差距，但他们依然以 129 亿美元的资产跃居排行榜的第 26 位和第 27 位。此次排名的大幅上升预示着他们在下一年度可能会进入前 10 名，因为在前一年，他们还仅以 72 亿美元的个人资产排在第 55 位。现在，他们已经远远超过了拥有 44 亿美元的史蒂夫·乔布斯（排名第 144），以及拥有 29 亿美元雅虎创始人大卫·费罗（排名第 240）。

4 月 20 号，谷歌再次宣布了一组令人吃惊的数字：第一季度收入 22.5 亿美元（增长了 79%），谷歌的股票价格也攀升到了 447 美元的高位。不管是对于谷歌的 6 790 名员工，还是对于在 2004 年夏末明智地购买了谷歌股票的投资人，这显然都是一个实实在在的好消息！

2006 年 7 月 21 日，谷歌的季度财务报告再次证明了它迅猛的发展态势：收入增长率为 77%（24.6 亿美元），利润增长率则达到了 110%（7.21 亿美元）。毋庸置疑，谷歌已经成为了世界上赢利能力最强的第一大互联网企业。它的创始人有可能在未来的某一天与比尔·盖茨和沃伦·巴菲特一道名列世界十大富翁，甚至还会超越他们。

第三部分　别的敌人我能应付，请帮助我抵御谷歌

一、全球范围内的泄密

面对谷歌这种在他人不知情的情况下搜索数据信息的做法，民主国家的民众为了与之对抗，只有要求制定相应的法律规范。

在古希腊悲剧中，hybris 的意思是试图超越凡人的地位挑战天神。在现实中，hybris 则表示“超过了限度的东西”。在《奥德赛》中，它则代表佩内洛普（奥德赛的妻子）的追求者们傲慢和蛮横无理的态度。与 hybris 相对应的是厄里倪厄斯（复仇女神），它们都象征着神灵将要惩罚那些不知足，希望获得本不属于自己的东西的人。

这样的寓意也适用于谷歌，因为它的发展呈现出了十分奇怪的混杂：它的商务活动在不断多样化，涉及越来越广阔的领域，而且往往能获得成功。然而，不管谷歌的本意如何，事实上它已经确确实实地对普通人的私生活产生了影响。与全球气候变暖一样，这种潜在的影响只有个人在自己的日常生活中才能切实体会。

“不作恶……”，这个由谷歌的两位创始人提出的信条并不是一句空话。自从谷歌的利润大幅增加，个人财富不断增长开始，佩奇和布林就显示出了他们希望推进事物积极正面发展的良好愿望。于是，2006 年 2 月 21 日，他们决定聘用物理学家拉里·布利连作为谷歌基金会的负责人，而该基金会的宗旨就是“保护世界环境并与世界上的贫困作斗争”。布利连拥有丰富且感人至深的人道主义历程，特别值得一提的是，为了消灭天花病毒，他甚至在印度工作了10多年，此后在世界卫生组织工作期间，他还曾参加非洲地区的疾病预防工作。作为联合国的工作人员，布利连曾肩负起消除脊髓灰质炎和失明症的重任，此外，他还是Seva基金会的发起人。该基金会主要致力于解决诸如尼泊尔、西藏、孟加拉国和印度等国家和地区的失明问题。在互联网领域，布利连被大家所熟知是因为他曾在20世纪80年代创建了第一个网络社区Well。

谷歌基金会的起步资金预算为9 000万美元，而且其后几年的计划预算高达1.75亿美元。按照佩奇和布林最初的设想，谷歌将会把所获利润中的1%拨付给这个基金会作为开展慈善活动的经费。与大多数慈善机构不同的是，谷歌基金会是营利性的，这个定位使得它可以资助新生企业，并且与投资商建立合作伙伴关系。在谷歌基金会实施的首批项目中，包括了支持使用新型能源的汽车发动机，以帮助减轻全球气候变暖效应。这种新型能源由乙醇（一种用甜菜或甘蔗制成的酒精）、汽油和电力混合而成，可以大幅减少汽车尾气排放量。为此，谷歌基金会将在美国国会外进行游说活动，建议对购买这种汽车的人实行免税。

和这个项目类似，其他以谷歌基金会或谷歌公司名义进行的活动大多都带有相同的美好愿望。2006年，佩奇和布林对Nanosolar公司进行了投资，因为正是该公司研发出了制造太阳能光伏板的优化方法。同年6月份，他们给电影《断箭》提供了占其摄制预算一半的赞助，因为这部独立电影的编剧兼导演正是他们大学时代的朋友里德·格斯拜，电影的预算成本并不高——只有100万美元。

在这一年秋天，谷歌宣布将在其总部Googleplex安装由霍尼韦尔公司提供的9 200块太阳能光伏板，这些太阳能发电光伏板的功率高达1.6兆瓦特，相当于谷歌总部耗电量的30%。其他的高科技公司，例如赛普拉斯半导体公司和微软公司，也曾采用类似的系统，微软公司甚至为自己的办公地安装了2 300块太阳能光伏板。与它们相比，谷歌在同一条道路上走得更远，除了促进环境保护之外，谷歌毫不掩饰其希望以此逐步减少公司能耗的意图。

谷歌两位创始人所标榜的人道主义并没有遭到公众的非议，但佩奇和布林却不得不面对与其美好愿望不完全相符的客观现实。

中国市场拥有1.1亿网民，显然不应该被谷歌所忽略，作为搜索引擎的谷歌不得不接受并且遵守由中国政府颁布的管理条例。因为，中国政府不希望某些内容被放在搜索引擎的结果之中。2006年1月25日，佩奇和布林宣布说他们接受这些限制，因为他们根本不可能把这么大一个市场拱手让给他们的竞争对手雅虎，以及排名第一的中国搜索引擎百度！就这样，“Google”以“Gu Ge”（谷歌，意为欢快的歌曲）这个恰到好处的名字在中国市场继续存在。对此，谷歌声称自己别无选择，其在一篇官方文章中表示：“如果说对搜索结果进行筛选违背了谷歌的使命和原则，那么不提供信息则更是与我们公司的使命背道而驰！”

平时出言谨慎的布林，一反常态地主动向《时代周刊》表明了他的真实想法：“这并不是一个商业化的决定，我们最希望做的，是帮助人们更便捷地获得信息，正因为这个原因，我们最终还是决定妥协，接受中国政府的条件”。

面对不少人的质疑和担忧，佩奇和布林亲自出面向大家保证，他们将在未来继续领导谷歌向正确的方向前进。为了避免出现被董事会解雇的情况，他们设立了一种不对等的股东权利机制，然而，这项机制在 2006 年初引发了反对的声音。作为重要投资商的 Bricklayers&Trowel 基金会要求取消谷歌三位决策者的超级投票权——比普通股东的权利大 10 倍。“实行两种投票权，将使公司决策人有机会不必向股东汇报他们的计划和公司的运营状况”。尽管这一要求没有得到实现，但它显示出谷歌现行的股东管理制度已经引发了某种程度上的不安和担忧。

谷歌创始人那些值得赞扬的美好愿望在现实中是否行得通呢？佩奇和布林都只有三十出头，他们的公司也还年轻，在他们看来，一切都将十分顺利。但是事实上，历史上有许多曾经怀有远大抱负的公司最终都未能经受住经济困难的考验，甚至在还没有遇到这种考验之前，佩奇和布林就有可能为了获取更多的利润而放弃他们的基本原则。而且在现实中，他们目前所开展的服务已经对个人私生活造成了越来越严重的侵犯。

也正是从那一刻起，谷歌悄然开始了转变。最初，公司优先录用的是计算机方面的专业人才，例如互联网的设计创建人之一温顿·科夫，以及曾在美国国家航空航天局任职的皮特·诺维格。但是现在，谷歌及其十几个分公司的员工中，有一半以上都是商务人员，致力于发展和完善公司的广告收入系统。谷歌甚至计划在计算机类杂志上购买广告版面，并将它们提供给在其网站上出价最高的人。

菲利普·古埃努，因特网安全通信服务商 ePrivacy.com 的负责人，曾这样表达自己对谷歌的看法：“公众已经逐渐认同谷歌的重大创新在于其对于搜索引擎的开发利用，同时，它的与众不同还在于其独特的公司模式——以使用广告为基础。”

谷歌的发展策略十分明确：继续并不断地完善谷歌的服务，以便扩大其商务活动的范围，同时，通过其各种软件工具保存所有与用户网络活动相关的信息，以便更好地与用户联系。

2004年6月，谷歌的技术总监克雷格·西尔弗斯坦曾经证实谷歌建立了一个拥有“超过1万台服务器”的信息资源网络，用以储存与用户相关的各种数据。然而，此后谷歌就再也没有就此问题发布过任何消息了。到了2006年，一项由多位专家对此进行的评估工作就涵盖了分布于64个信息中心的20万台服务器，而《科技杂志》的一篇分析文章指出，服务器的真实数量应该接近25万台！2006年8月，《信息周刊》公布的数据显示，分布于数十个信息中心的服务器数量已经达到了50万台。

按照上述数据，谷歌的存储能力应该已经达到了60PB，即60×10^{15}个字符，这个容量比目前世界上最大的图书馆华盛顿国会图书馆的容量要大1 000倍。2006年7月，谷歌向其投资商宣布，它决定将一部分利润用于建造一个巨大的信息中心。这个位于美国俄勒冈州达拉斯市的庞大信息中心将占地30公顷。2006年底，谷歌的资产已经超过了100亿美元，凭借这笔巨额财富，谷歌能够出手阔绰地投资各种项目。

美国公共频道PBS的知名专栏作家，罗伯特·科林吉里曾进行的一项调查可以显示出：谷歌似乎正计划对信息中心进行小型化，每个经过小型化的信息站将拥有5千个同时工作的处理器，以及3.5PB的磁盘储存空间——即350万乘10亿个字符。这种小型的信息站（长宽均为6～12米）能够被部署在任何地方，并联接到光纤网络上——谷歌从2005年开始已经购买了数百万公里的光纤。按照这种模式，谷歌只需在互联网的300个主要中继节点上接入300个小型信息站，就能拥有一个自己的因特网——而且与国际互联网完全平行。届时，谷歌的用户将享受到比其他用户更快的信息接入服务！

从谷歌这一庞大的基础设施建设中获益的应用服务中，还包括了网络电视服务，因为后者需要有高性能的服务器以支撑对节目数据的大规模访问请求。正是基于这个优势和发展战略，谷歌于2006年10月以16亿美元的高价收购了网络新兴企业YouTube。除了网络电视之外，其他能利用谷歌这一系统的应用服务还包括：网络电话、住宅自动化管理（自动报警系统）、老年人医学看护……

按照罗伯特·科林吉里的计算，建设一个这样的信息服务站需要投入大约50万欧元，而且每年还要花费同样多的经费进行维护。由此他推算出："只需要3亿美元就能从根本上控制互联网！"

2006年秋，谷歌所提供的免费服务已经达到了83个，而且几乎每个星期都会宣布一个新的创意项目。所有这些服务都能帮助谷歌了解某个用户的习惯爱好等个人情况：

——面向大众服务的Gmail完全可以与微软公司的Hotmail或雅虎公司的邮件系统相媲美，但是，Gmail会根据信件的内容插入一些广告。根据塞吉·布林的解释，对信件内容的分析是自动完成，且过程是完全保密的。尽管如此，《纽约时报》的资深编辑亚当·科恩仍然提醒说，在谷歌的保密事项说明中，它保留了一项重要的权利，即在将来的某一天可以将用户的邮件内容与其进行过的搜索记录进行交叉分析。但与此同时，这份文件也对这项权利进行了补充解释，表示谷歌永远也不会采取这样的行动；

——2006年10月，谷歌收购了视频点播服务网站You-

Tube.com。利用这个网站的服务，谷歌将更加准确地了解到用户的个人爱好。而且，在被收购之前，该网站的视频短片日点播量就已经达到了上亿次；

——2006年春天，谷歌在旧金山成功赢得竞标，与市政府达成协议，为当地居民提供免费无线上网服务。提供免费服务的同时，谷歌也保留了在这个互联网接入服务中提供商业链接的权利，这一成功经验将可以推广到全世界的无线上网城市中；

——Google Base是一种张贴小广告的服务，对于某些地方性杂志而言，通过谷歌这项服务获取的利润已经达到了其总收入的30%。通过这项服务，人们可以相互了解他人有什么东西出售，以及需要购买什么物品；

——Google Local是一种相当于黄页之类的服务，在这里，消费者能够了解到在一个特定地区内某个商品是否可以买到或者某项服务是否存在，例如五金制品、铅制品、餐馆等等，仅仅凭借这项服务，谷歌就能从每次点击中获取几欧元的收入。按照相同模式设计的Google Local移动版，可以通过手机向用户提供目的地的地图以及到达目的地的路线；

——Google Trends能够对网民搜索主题的受欢迎程度进行分析比较，并从中找出其发展趋势；

——利用Google Co-Op，用户能够在某个网页中插入虚拟标记，方便其他用户更快捷地找到这些信息。谷歌也会使用这些虚拟标记，以便在网民再次搜索相关主题时提供更好的服务；

——人性化搜索服务，可以帮助谷歌更好地了解用户的兴趣爱好，并且精简搜索结果；

——面向小型企业的Quickbooks可以帮助企业方便快捷地建立

自己的网站，并为其网络宣传提供支持；

——Google Calendar 是一种日历服务，能帮助用户设计和记录日程计划；

——Google Finance 能够显示用户所关心的股票的价格变化；

——Picasa 能够帮助人们管理、修饰和共享计算机中的照片；

——Blogger 能够帮助人们建立自己的博客；

——Froogle 是一个用于比较商品价格的工具（就像法国的 Kelkoo 一样）；

——Google Account 能够搜集所有与一个网民有关的信息；

——Google Analytics 系统则可以统计一个网页的浏览量；

——在谷歌实验室的网页上（labs. google. com），还可以找到许多其他的新服务项目。

所有这些免费服务都有一个共同的特点，那就是能让谷歌更多地了解关于用户的信息。有鉴于此，一位专栏作家曾幽默地表示，谷歌比他的亲朋好友还要了解他。

互联网义务志愿者组织的联合创始人，劳伦·维恩斯坦表示："人们应该十分清楚，在互联网上，自己是时刻被跟踪着的"。诚然，谷歌绝不会为达目的而不择手段，但是其建立的商业模式却要求它这样做。

"我们之所以积累关于个人的相关信息，是因为如果我们了解你们的话，我们就可以给你们提供更好的搜索结果。我们希望能让我们的结果变得人性化，变得更接近和符合你们的需要"，马里萨·迈雅曾这样解释。这位谷歌搜索产品部副主任在该部门的地位仅次于佩奇和布林，其主要工作就是研究和开发新的服务项目。马里萨·

迈雅承认，要想得到更好的服务就必须付出一定的代价："只有你们愿意牺牲自己私人生活的一部分，我们才能更好地完善我们的服务。"

因此，对于谷歌而言，在保存用户相关信息方面，问题的关键就是弄清用户能够容忍的最大限度。

尽管谷歌在公司的最初发展阶段给人的印象十分低调，但现在它已经被当作了业内的"大哥大"。2003年，公共信息研究所所长，丹尼尔·勃朗特曾披露说，谷歌的搜索引擎在网民的计算机硬盘上建立了一个直到2038年才会消失的"cookie"①。由此可以推断，谷歌在其Google Watch网站上存储网民的个人相关信息，将会给网民的私生活带来影响。从这里也可以看出Google给使用自己网站的网民的私人生活可能带来的威胁。

不管是狂热还是妄想，这家来自加利福尼亚的公司已经有了一些令人不安的计划：《科技杂志》曾提到过这样一个计划，那就是利用计算机上的麦克风来听取所在房间的声音。根据用户所听收音机的节目内容，更加个性化地向其提供广告。

除此之外，谷歌在将来还有可能将某位用户曾经搜索过的信息内容进行交叉研究，这个信息包括：曾经购买的产品、在数字图书馆中搜索的主题、通过谷歌地球察看过的地域、浏览过的新闻……

"他们现在还没有这么做，这一点我几乎可以肯定"，菲利普·古埃努承认说，"不过，他们保留了这样做的权利。因此，我现在绝不会指责谷歌侵犯了我的隐私权。但是，我仍然要强调的是，他们

① 一个小型文本文件，可以帮助某个网站识别用户的身份，并且保存这位用户的上网历史记录。

已经有了越来越多的意愿去这样做，尤其是当他们最终认定其利益所在的时候，他们就会将之付诸实施了。”

直到目前，谷歌还一直以令人尊敬的方式运作着，例如当某件事牵扯到美国政府的时候，它甚至拒绝提供所有要求的信息和数据。2005 年 8 月 25 日，美国司法部要求谷歌向它通报整整一个星期内网民所提出的所有搜索请求，并向它提交谷歌搜索引擎中包含的上百万个网络地址索引目录的副本。司法部希望以这种方式获得网民搜索数据，并通过分析这些数据来起草一项法律以保护少年儿童，抵制网络色情内容。雅虎和 MSN 都提供了司法部所要求的数据信息，而且公众还不了解这些信息所包含的具体内容。但与它们不同的是，谷歌拒绝了司法部的这一项命令并为自己的做法给出了三条理由：

1. 司法部所要求的信息并不在搜索对象的可用范围之内；

2. 如果它向司法部提供这些信息，就会泄露其商业机密，因为这样做会暴露谷歌的搜索方法以及被审查的网络服务器数量；

3. 公司会因为向司法部提供信息而蒙受损失。因为这关系到一个关键问题，那就是，谷歌的目标到底是要保护用户的私人生活，还是仅仅只维护自己的利益？

2006 年 3 月 13 日，加利福尼亚的一个法庭对谷歌的上述理由给予了认可。尽管如此，法官仍然要求谷歌向政府提供一份有 50 000 个网址以及 5 000 条搜索请求的清单。

然而，如果发生更严重的事件或者特殊情况，谷歌还会坚持这样做吗？人们还会认为访问谷歌是安全的吗？

菲利普·古埃努提出的另外几个观点，也对谷歌两位创始人的良好初衷进行了反驳。谷歌收集积累的海量数据，将有可能被来自谷歌外部的势力所骗取。此外，如果谷歌的员工在收集保存这些数据的过程中出了一些可能的差错，又将会怎样呢？

这位 ePrivacy. com 的创始人同时还指出，“没有什么可以保证谷歌的员工中绝对不会出现违法行为”。为此，他举例说，法国电力公司都兰分公司就曾发生过类似的案件，一些员工竟然为了牟利，将公司的内部文件出卖给保险公司。同时，古埃努还指出，某些不负责任的员工也可能造成风险。因为早在 10 年前，就曾出现类似的情况，当时，美国在线的一些员工在处理他人的网络请求时，意外地将其用户的个人资料泄露了出去。古埃努解释说，“而且原因仅仅是因为他们不知道不应该这样做”。最近也曾发生此类事件，2006 年 8 月，同样是美国在线的一个安全漏洞，导致 3 个月内使用其服务的 658 000 位用户的搜索记录全部被泄露！在对此事发表评论时，谷歌的首席执行官埃里克·E·施米特仅仅表示，他们尚未讨论修改谷歌数据存储系统的问题。

除了个人领域之外，谷歌还能够通过不断收集积累网络数据来了解竞争对手的相关情况。例如，谷歌将能发现，微软的众多工程师都在就某项特别的技术进行搜索，由此它就能推断出微软公司以及比尔·盖茨的研发兴趣集中在哪些方面。

然而，面对种种质疑，谷歌再次强调了其值得信赖，并回应说：“从来没有哪一个人是被迫使用我们的服务的！”

普罗旺斯大学教授、信息处理专家让·维诺尼毫不迟疑地描绘了一幅令人担忧的未来画卷：“他们知道你读什么书，知道你看什么电影，知道你买了什么东西，知道你的鼠标都在哪里点击过，知道你的朋友都有哪些……你已成为了一件产品，更不用说地球定位了，甚至你在大街上溜达时，都能看到附近咖啡店的广告出现在你眼前。他们暂时还没有这样做，因为他们还没有确定合适的方法从中获取利润，而这也仅仅只是时间问题而已。”

面对谷歌这种在他人不知情的情况下搜索数据信息的做法，民主国家的民众为了与之对抗，只有要求制定相应的法律规范。通过多年的司法争取，政府已经可以要求相关企业向请求人通报其掌握的信息数据，并且在需要的时候对这些数据进行修改。那么，是否也应该通过法律手段要求谷歌向网民公布它收集的所有与这位网民相关的信息，并且允许网民对其中的某些信息进行修改，甚至是删除呢？

既然信息自由法能适用于与个人相关的所有政府公共数据，那么为什么一家公司却能够在这方面享有特权呢？

二、向微软进攻

那么怎样才能撼动微软这样一个巨人呢？是动摇它的根基吗？对于谷歌来说，唯一可行的策略就是免费提供那些微软需要收费的服务。

谷歌的商业模式很可能会让比尔·盖茨惊叹不已。在大约30年的时间内，微软的发展都是为了实现比尔·盖茨的梦想："微软的软件要出现在办公室和家庭内的每一台个人计算机上"，这一策略为微软带来了极大的成功。但盖茨可能没有预料到的是，个人计算机用户中的一大部分有一天都会使用另一家公司的服务。

谷歌最终实现了以更低的价格提供更好的服务，这使得竞争者难以望其项背。谷歌是一家年轻的公司，因此它不需要为吸引用户的忠诚度而操心，可以进行很多慷慨的计划而不需考虑大批老用户的感受。Gmail的推出就是一个很好的例子。2004年初在发布Gmail的时候，佩奇和布林就提出，使用这个电子邮箱的用户将拥有1G字节的存储容量，而当时微软的Hotmail和雅虎的邮件系统所提供的容量还不超过这个数字的十分之一。谷歌的这一举动使得其竞争者不得不将邮箱容量提升到相同的水平，而当时的Gmail还仅仅只是一个处于试验阶段的产品，并且在很长时间内都保持了这种状态。

与谷歌不同的是，微软和雅虎当时已经拥有了数千万用户，增加邮箱的存储空间对他们来说将会是一笔很大的开支！

这些年来，微软的首席执行官史蒂夫·鲍尔默似乎越来越为谷歌的计划而操心伤神，因为谷歌创始人那些玩笑般的创意总是迫使竞争者不得不采取应对和防卫措施。

谷歌唯一的选择就是努力削弱微软的力量，因为这位厉害的竞争对手总是能将出现在其前进道路中的对手化解于无形。比尔·盖茨所创建的操作系统拥有一项惊人的武器：它能将各种应用软件整合到其操作系统之中，这甚至引发了美国政府的诉讼。试想，如果微软将自己开发的搜索引擎 Live Search 纳入新一代操作系统 Windows Vista，那么数以百万计的用户在购买了新的个人计算机的同时就会发现并使用这个引擎，随之用它代替谷歌。

微软是一个拥有天才般软件设计能力的公司，一旦它某个版本的软件不再吸引大众目光的时候，它就会成为一个“谨慎的追随者”。微软一直以来都在不断完善自己的软件，以便能够使它们变得更加容易使用，更加快捷高效。反击是它的特长之一，1997 年，IE 浏览器正是以其优异的性能战胜并最终淘汰了当时网络浏览器的领导者网景。

那么怎样才能撼动这样一个巨人呢？是动摇它的根基吗？对于谷歌来说，唯一可行的策略就是免费提供那些微软需要收费的服务，而且佩奇和布林也根本没有其他更好的选择。

另一方面，微软早在 20 世纪 80 年代就已经是一家十分著名的公司了，其不断创新的精神得到了大众的广泛认可，他们在 1985 年推出的应用于 Macintosh 的 Excel 就是一个很好的例证。比尔·盖茨经常被描述为一位白手起家、年轻有为的信息天才，然而，对于微软公司来说，它的辉煌时代已经成为了历史。由于发布的软件经常出现不稳定因素，微软已经失掉了以往的光环，而1998年的诉讼案更是令它的处境雪上加霜。此外，微软的软件程序总是成为计算机病毒制造者最大的标靶，几乎每个月都会爆出消息，在Windows、Internet或Outlook中发现某个“安全漏洞”。建立用于抵御病毒攻击的防御系统每年都会使微软公司耗费数亿美元，而且其作为软件开发者的声誉也受到了严重的影响。

与此同时，谷歌却正处在一个与微软截然相反的境况之中。拉里·佩奇和塞吉·布林在比比尔·盖茨年轻20岁的时候就享有了与之相当的声望。他们总是力图聘请到最优秀的工程师，或者将他们从竞争对手那里挖过来，以借鉴他们的经验。为了吸引人才，他们可以提供优先认股权和实物福利等各种优厚的条件。

2005年初被谷歌解雇的马克·简，曾在被解雇的前一天，也就是2005年1月27日的个人博客上对谷歌和微软两家公司进行了比较：“在离开微软公司之前，我曾和许多员工进行讨论。他们反复阐述了一个相同的观点，微软懂得如何发布软件……当时，我曾仔细品味微软公司所有的Windows或Office版本。在长达15年的时间内，微软俨然已经成为了一个高效的软件发布机器，然而，我却发现最近几年的情况好像有所变化。这个软件发布机器已经开始由盛而衰了——不遵守交货期限，性能出现了下降，而且总是不断对产品进行修正，系统也不再像以前那样运行良好……”[1]

马克·简还讲述说，每次当他提议进行一些改进的时候，都会

---

① 99zeros. blogspot. com。

遭到拒绝，理由是软件已经完美无缺地运行了 20 年，而且，微软公司在银行拥有 5 000 万美元的资金，为什么还要去改变现状呢？“与微软的这种态度相比，谷歌则拥有一种与生俱来的创新精神，对于后者而言，抛弃陈旧的程序代码根本不存在任何的遗憾……关键在于，这种管理模式能够转化为开发公众喜爱产品的创造力和生产力。”

根据马克·简的看法，是企业的创新速度造成了最根本的差距：“谷歌最宝贵的竞争优势就在于能够以非常快的速度推出新的产品，这就是微软和谷歌之间最大的差别。”

早在谷歌上市之前，Windows 的开发商微软就意识到了谷歌所带来的威胁。2003 年 2 月，微软的一位工程师克里斯·佩恩，就曾在与公司二十几位高层领导的会议中敲响了警钟，这些高层人士中就包括比尔·盖茨和史蒂夫·鲍尔默。佩恩当时曾十分惋惜地说，微软公司已经将广告市场拱手让给了谷歌这位计划缜密的竞争对手，在会议上，他用了整整两个小时来解释微软公司在 MSN 服务上所犯的错误。

克里斯·佩恩表示，微软应该停止与 Inktomi 等商业伙伴在搜索引擎领域进行的合作，转而在微软内部开发一个比谷歌更优异的搜索工具。此外，佩恩还极力建议，微软的这个搜索工具应该使用与谷歌这位业界老大相同的朴实界面。

在结束讲话之前，克里斯·佩恩提出，需要超过 1 亿美元的经费来开发这样一个有可能与谷歌进行竞争的搜索引擎，并且要求公司为这项计划配备最优秀的工程师。从来就争强好胜、当机立断的比尔·盖茨在极其认真地聆听了这位自信的工程师的报告之后，立即表示了对其计划的支持。

几个月之后，克里斯·佩恩试图说服比尔·盖茨收购 Overture 公司。但是这一次，这位微软公司的创始人没有采纳他的建议，因为盖茨坚信，依靠微软内部的力量能够做得更好，同时也能花费较少的经费。这一决定使得比尔·盖茨在这场战斗中丧失了一张王牌——雅虎利用这个机会一举收购了 Overture 公司。

2003 年 12 月，比尔·盖茨访问了谷歌的网站，令他惊讶的是，他发现这个被认为是专门开发搜索引擎的公司所发布的工程师招聘信息竟然和微软相差无几：系统设计人员，网络架构专家，软件优化人员……这一刻，盖茨的头脑中闪过一个念头：这家来自加利福尼亚的公司正计划在未来侵入微软的领地。盖茨曾经想过要收购谷歌，但是这种可能性很快就被排除了。因为，即便佩奇和布林能够同意，但是怎样才能让微软的软件与一个完全依靠 Linux 操作系统的搜索工具相互兼容呢？

2004 年夏末秋初，谷歌对其竞争对手的优势领域进行了突然袭击，推出了一项免费搜索工具软件——Google Desktop。这个软件可以对个人计算机上的文件进行搜索，而且在 Windows 系统中也可以使用，埃里克·E·施米特在洛杉矶的一次研讨会上，面对互联网业的先锋们做了一个报告："媒体对于谷歌的各种评论之一就是将其与上一代的大公司进行比较。但是，我们要认识到，谷歌要解决的，是现在和今后会出现的问题，而不是以前的问题。"①

2004 年 11 月，与 MSN 捆绑的新型搜索工具问世。它的开发研制集中了 500 名工程师以及市场营销人员的智慧，经费投入高达 1.5 亿美元，这还不包括数额不低的推广经费预算。

---

① 《搜索与毁坏》，《财富》杂志 2005 年 5 月 2 日版。

这个搜索工具与其模版有着明显的相似性，这是克里斯·佩恩从试用过这一软件的人士那里得到的最多的评价。MSN 新搜索引擎的界面简洁朴实，与谷歌的设计风格十分相似，而且在界面窗口的右侧，同样出现了与 AdWords 类似的商业链接，好像这个界面是搜索引擎无法回避的一样。MSN 搜索的搜索结果质量相当高，但还远远不足以吸引广大网民更换搜索引擎。

MSN 搜索的最大特点在于，其编入索引目录的网页数目达到了大约 50 亿，而谷歌则只有 42 亿。令人惊奇的是，在 MSN 的这一新搜索工具推出后，谷歌的索引目录网页数目迅速增加：很快就达到了 8 058 044 651，即将近 81 亿个网页。谷歌方面对此的官方解释是，谷歌自从 2004 年 2 月开始就没有对这一统计数据进行更新。

微软公司的搜索引擎所创造的利润并不高，其主要原因就在于它的名称：msnsearch.com，也许 MSN 搜索工具的设计者没有考虑过，这样一长串字母的确不太容易打出来。由此，MSN 搜索的市场份额大约维持在 15%左右。

同样还是在 2004 年 11 月，谷歌在美国华盛顿州的克兰市设立了一个新的办公室，而且距离微软的总部不远。这个新的基地立即成为了吸引大量微软工程师的中心。面对此种情况，比尔·盖茨为其主要同事编写了一篇题为“谷歌的挑战”的备忘录。为了遏制工程师的流失，他郑重宣布，谷歌已经和曾经的莲花公司、Novell 公司以及网景公司一样，成为了微软必须战胜的新目标，然而，2005 年 3 月，已经有 100 余名微软员工离开这条大船投奔了谷歌。

另外一个事件将更加显示出这种压力，曾在微软工作了 16 年的元老级员工，也是 Windows 操作系统的主要开发人员之一的马克·卢科夫斯基，于 2005 年 3 月初被微软解雇。

2005年2月12日，卢科夫斯基在自己的个人博客[①]上表达了自己不满情绪。在博客文章中，他讲述了与马克·简共进午餐的情况："当我们同在微软公司共事的时候，我从来都没见过马克，但我们却属于同一个工作组，由此可见，微软的某些工作组的人数规模实在大得令人惊讶。"

进餐期间，马克·简提到了这样一个事实："微软公司十分善于开发软件"。卢科夫斯基认同他的看法："我完全赞同，微软的确精于此道。我们知道微软如何创建软件、如何测试、如何修订、如何生产，以及如何吸引用户为此买单，等等"。

与马克·简的午餐会谈使卢科夫斯基重新对自己在微软的工作进行了冷静思考。微软公司有口皆碑的高效率在互联网时代还能继续保持下去吗？

在自己的博客上，卢科夫斯基指出，传统方式中，如果某款软件存在问题，公司会找出解决之道并通过CD光盘发行改进后的软件，但这个过程实在过于漫长。然而，在现实中，亚马逊公司的某位工程师在发现问题后都能立即处理并解决它。"这就是我所说的软件交付问题"，卢科夫斯基在文章的结尾十分严肃地指出："我承认，微软曾经十分善于开发和交付软件，但是现在环境发生了变化。"

当卢科夫斯基向史蒂夫·鲍尔默宣布他要离开微软的消息时，鲍默尔的反应十分悲怆："别告诉我你要去谷歌！"谷歌的硬件基础设施已经拥有数万台服务器，在面对这一现实的时候，再看到原本属于微软的业内专家转投这个竞争者，鲍尔默显然充满了担忧。

---

① mark-lucovsky. blogspot. com。

根据卢科夫斯基的说法，鲍默尔当时非常生气地将一把椅子从房间里扔了出去："我要把这个该死的家伙给埋了……"（他所指的是埃里克·E·施米特）"我要把谷歌的这个家伙给杀了！"对于卢科夫斯基的描述，鲍尔默坚称与事实不符，并表示前者的说法简直"夸张地过火"。

微软公司的中国籍员工、人工智能专家李开复，也转而加入了谷歌。作为美国卡耐基·梅隆大学的博士，李开复曾于1998年创建了微软北京研发中心，但之后又被安排到位于西雅图的微软研发总部工作。

2005年春天，李开复了解到谷歌正计划在中国设立一个研发中心，并由此看到了重回祖国工作的可能，于是，他与谷歌的主管部门取得了联系。辞职前，他只和微软签署了一份为期一年的非竞争协议。对于离职的原因，却没有进行任何说明。

很显然，鲍尔默相当震怒，并毫不掩饰地跟这位中国工程师说，如果他向外界说明自己离职的原因，他将会面临微软的报复行动。比尔·盖茨甚至威胁李开复和谷歌，要把他们告上法庭。尽管如此，2005年7月，李开复仍然离开了微软公司，就像当初所宣称的那样，比尔·盖茨向李开复和谷歌提起了诉讼，状告他们严重违反了非竞争协议。

2005年9月，华盛顿高等法院法官——斯蒂芬·冈萨雷斯宣布允许李开复加盟谷歌，但需符合几项要求，例如在2006年7月非竞争协议到期之前，李开复在人力资源领域内的行动将受到限制。2006年4月，谷歌的中国分公司正式成立，负责人正是这位微软公司的"叛徒"。

2006年1月拉斯维加斯的国际消费电子展上，人们在热切期待拉里·佩奇登台亮相的同时，也密切关注着谷歌将要推出的众多免费服务产品。如大家所愿，佩奇宣布将会向网民提供一系列的实用软件：杀毒软件、照片编辑软件，等等，这还只能算作对微软的间接进攻。

同样是在拉斯维加斯的国际消费电子展上，面对绝不会放过谷歌对微软产生威胁这一议题的记者，比尔·盖茨做好了充分的准备。这位微软创始人极力弱化这个在他看来十分年轻的竞争对手。他提醒大家说，十余年前，微软也曾遇到诸如网景浏览器、太阳公司Jave程序的挑战，但是在众多预测它会倒下的预言中，微软公司最终还是赢得了竞争，成为了最后的胜利者。

在盖茨看来，微软还有许多更强大的竞争对手需要应对，诸基亚、索尼、还有IBM，都在与微软相同的领域进行投资："信息产业领域最有实力的是强大的IBM，他们拥有的雇员人数是我们的4倍，而且可以利用的资源也丰富得多，它一直都是我们最大的竞争对手，只是不太引起媒体的关注。"

然而，盖茨最终还是承认，谷歌所实行的运作模式已经对微软的发展构成了威胁。悄然发生却确实存在的变化是，双方的情绪开始变得激动起来，谷歌以不正当竞争为由向Windows的开发商微软提起了诉讼，原因在于：微软公司将Live Search作为IE浏览器7.0版本中的默认搜索引擎。谷歌的这一诉讼请求遭到了驳回。因为微软列举出了很多的例证：谷歌不仅是Mozilla Firefox浏览器中的默认搜索引擎，也是苹果公司Mac计算机上Safari浏览器的默认搜索引擎，甚至移动电话上的Opera浏览器也是使用谷歌作为默认搜索引擎。微软公司同时还指出，任何用户都可以十分方便地更改IE7.0搜索引擎的默认设置。

以牙还牙，以眼还眼。随着对文字处理软件开发商 Writely 公司的收购，谷歌在 2006 年 3 月发动了向微软公司最有力的进攻。被收购之前，Writely 文字处理软件仅仅只有数千位用户，但是在被收购之后，很快就有数以百万计的网民开始使用这个免费软件。Writely 无需安装，能够直接通过网络使用，在诸如 IE 或者 Mozilla Firefox 等浏览器上，Writely 可以识别各种类型的 Word 文档，而且用户还可以使用 Writely 提供的一系列编辑程序对文档进行修改。除此之外，Writely 每 10 秒钟会对文档自动保存 1 次，同时其还致力于朝多人共同作业的方向发展，多位网民将能同时对一篇文档进行编辑。由于文档被保存在谷歌的服务器上，用户将能够从任何一台个人计算机上访问或者打印文档。诸多优势很快就使 Writely 具备了比微软的 Word 更多的市场吸引力，更何况使用后者还需要支付大约 320 欧元。

几个月之后，Google Spreadsheet 问世，虽然这个表格程序仍然显得比较初级，但它已经满足了大部分的日常所需。谷歌的主要目标似乎是针对微软的畅销软件 Office，并为此提供了一系列的免费办公软件。这套软件可以直接在网络上使用，而且任何类型的计算机——不管是 Mac 苹果机、装有 Windows 或者 Linux 的个人计算机、还是太阳工作站，都可以应用这套软件。

毫无疑问，谷歌已经成了微软需要应对的新对手。5 月初，微软开始与雅虎探讨建立联盟，希望以这种联合的方式应对来自谷歌的日益增大的威胁。然而，雅虎的首席执行官特里·塞梅尔其后却坚称这一谈判根本是子虚乌有，雅虎更希望与另外一个网络巨头结成联盟，那就是与雅虎规模相当的 eBay。

5 月底，谷歌与世界第一大个人计算机制造商戴尔达成协议，根据这一协议，戴尔公司将在未来3年内为戴尔计算机预装谷歌提供的软件。根据英国路透社的报道，安装谷歌软件的新戴尔计算机总数将达到1亿台。有传言说，谷歌在这次戴尔的软件招标过程中战胜了微软。《华尔街日报》甚至透露，谷歌投入了10亿美元以获得这份协议，因为谷歌十分清楚，合作所带来的利润将由它和戴尔共同分享。

在这场巨人与巨人的战斗中，各种合作伙伴关系层出不穷，就像拿破仑时代的各个战争联盟一样，正是基于这种联合一方对抗另一方的思想，2006年9月底，埃里克·E·施米特进入了苹果公司的董事会，而苹果公司正是微软曾经的竞争对手之一。

然而，微软还远远没到奄奄一息的时候。2005年底，谷歌的营业额为61亿欧元，与此同时，微软的营业额高达400亿美元，是谷歌的6倍多。2006年9月，根据OneStat.com对200万计算机用户的调查显示，97%的办公计算机都安装并使用了各种版本的Windows操作系统。微软公司拥有340亿美元的现金，而且每个月的收入高达10亿美元，因此，微软有足够的财力去重新占领一个市场。为了弥补在互联网市场（从现在到2009年，市场规模将达到300亿美元）上的落后，微软将用5年的时间奋起直追。

然而，如果谷歌继续按照现有的年均增长速度不断发展，再过4～5年时间，它就可以赶上世界头号软件制造商微软。

微软的态度十分强硬。2006年7月7日，微软在波士顿召开会议，面对与会的7 000名员工，微软首席运营官凯文·特纳放声疾呼："我们绝不会让这些家伙抢了我们的饭碗！"，

然而，早在几个星期之前，比尔·盖茨已经宣布他将不再担任微软首席软件设计师，对于这位美国最富有的亿万富翁来说，历史

似乎又翻过了一页。今后，他将主要致力于大规模慈善活动，这显然会为他赢得更多的公众支持和认可。

难道，这位即将年届 50 的软件巨人，已经不再有奋勇拼搏的雄心壮志了吗？难道，他已经力不从心了吗？

三、出版领域的地震

让出版商们害怕的是：将他们出版的图书进行数字化这一过程，将完全不受他们的掌控，而且，一本书的电子版永远都无法避免被盗版的可能，以及由此产生的非法出版发行。

“谷歌正在谋划一场自从印刷术发明以来最大的文明革命……”

说这番话的人并不是某位市场营销人员或者负责推销 AdWords 的销售经理，而是温顿·科夫。这位斯坦福大学的科研人员曾因为于 1974 年与鲍博·卡恩共同发明互联网数据传输协议（TCP/IP 协议）而闻名于世。温顿·科夫在年幼的时候就曾受到听力缺陷的影响，而现在 60 多岁，已经胡子花白的他，还经常穿梭于各地，在研讨会上就网络的未来以及发展方向进行演讲。在他所关注的内容中，垃圾邮件问题是十分重要的一项，他甚至将其视为自己全力攻克的任务。

2005 年 9 月，谷歌聘用了科夫，并给了他一个典型的美国称谓：“因特网的福音传教士”。也许这个称呼在法国会成为笑柄，但它在美国却非常流行。诸如苹果和微软这样的大公司经常会发布通告招聘“操作系统福音传教士”：代指那些精通 Windows 或 Mac OS，并能够为不断改进系统贡献智慧的专家。

温顿·科夫在谷歌承担的工作对他而言并没有什么特别的困难。这位经常被人们称作“因特网之父”的专家在谈及谷歌世界数字图书馆时，总是显得激动不已。显然，他表现出的这种激动态度对于雄心勃勃的谷歌来说是完全有益的。

在拉里·佩奇和塞吉·布林的眼中，根本不存在所谓的权宜之计。他们的计划是在数字图书馆中，涵盖远远超过所有市场上可以买到的图书量。据统计，能从书店中购买到的图书只占世界文学遗产的5%。其余的95%都被收藏在大型图书馆中。例如，根据弗朗索瓦一世于1537年制定的“法定备案”法令，对于所有正式出版的书籍，法国国家图书馆都可以收藏一个样本。尽管这项法令在法国大革命期间被废止，但后来又被恢复并得到了进一步的完善。因此，大型图书馆已经成为了巨大的知识宝库，它们中的大部分都坚守着历史赋予的使命——文学遗产的守护者。当谷歌的两位创始人使用扫描仪侵扰这些图书馆的时候，他们就像两个穿着滚轴溜冰鞋在凡尔赛宫参观的少年一样。

目前为止，如果人们想了解诸如弗朗索瓦·维永、玛雅文明或青铜雕塑方面详细深入的信息，通常会在因特网上进行搜索，但往往都无法获得满意的答案，因为大多数网站对这些主题都只是轻描淡写，甚至还会出现许多与事实不符的信息资料。最终，人们会发现，要了解这些信息，购买专家书籍或者到图书馆查找才是最明智的选择。

如果谷歌最终能够达到自己的目的，今后人们将可以直接从自己的计算机上获取想要的高质量信息，网上搜索会变得更加精准，而且更重要的是，能即刻看到从百科全书或者作品文集中节选出来的相关段落。

对于这种革命性的变化，公众是否应该为此而欢欣鼓舞呢？显然有两派不同的意见，一方面是将此视为梦想并为之努力的人，另一方面则是自认为利益受损的出版行业。

Google Book（过去称为 Google Print）是拉里·佩奇和塞吉·布林所创建的谷歌公司有史以来最雄心勃勃的计划，而这一设想已经存在了十几年。我们可以想象，最初产生这一创意的人有着多么激动的心情。但这一计划却在世界范围内引起了一场论战，甚至在美国这个人人坚信创业自由神圣不可侵犯的国度，也存在激烈的争论。或许，谷歌只是在这条道路上走得太快，忽略了某些关键的法律问题，同时也忽视了出版机构以及文学遗产保管者在此领域所扮演的角色，更没有意识到后者对于继续从事这一事业的决心。佩奇和布林似乎想先斩后奏，以便更好地进行解释："一旦所有的书籍都已经被数字化了，还怎么退回去呢？"

几年以来一直负责这个项目的不是别人，正是苏珊·沃西基。在谷歌刚刚起步的 1998 年，苏珊曾将自己的房屋出租给佩奇和布林。苏珊·沃西基完全具有相关方面的才能：她的祖母曾经担任国会图书馆斯拉夫文学部主任长达 30 年。按照如今已经成为谷歌副总裁的苏珊·沃西基的说法，佩奇和布林早在千禧年之初就考虑到了这个计划。由于当时缺乏足够的资源来实现这个计划，两位创始人"进行了仔细的计算，以了解实现这一计划所需要的时间和设备数量，最终他们确认，这个计划是完全可以实现的"，苏珊这样描述。[1]

因此当谷歌拥有足够的资源实施其图书数字化计划后，它立即安排了多名工程师一起负责开发文本扫描技术。

① 《华盛顿邮报》2006 年 8 月 12 日版。

之所以说世界图书馆的问题相当复杂，是因为它包括了三个完全不同的部分：

1. 对图书馆馆藏图书和其他由公共领域掌握的书籍进行数字化；

2. 对目前已经被出版机构商业化的作品的节选部分进行数字化；

3. 对图书馆拥有、但受著作权保护的作品进行数字化。

谷歌正是在第三个部分遭到了来自出版界的最强烈的反对。

从理论上来说，第一个部分是最容易控制的。一旦作品进入到公共领域，那么对它们的数字化就不存在任何问题了。“自从有了因特网，公共图书的数字化就一直在进行”，一直跟踪研究相关课题，来自职业杂志《图书周刊》的埃尔韦·于格尼表示，“法国国家图书馆以及其他图书馆都不同程度地参与了这一行动。”

那么谷歌的参与会带来什么样的变化呢？到目前为止，以前面提到的方式提供数字图书的情况还比较零散，而谷歌则完全有能力简化对数字图书的搜索，并为用户提供下载作品的渠道。这样一来，那些经常出版《经典作品》的出版商肯定会抱怨利润受到影响，而且还需要指出的是，与古老神话相关的书籍一直都占据着不少出版社年度畅销图书的位置，例如著名的马拉布出版社。

当某些经典作品面临重新改编的时候，情况就不一样了：目前新改编的作品在公共领域出现还没有被认可。“翻译《伊利亚特》和《奥德赛》的作家可以要求拥有其翻译作品的版权”，埃尔韦·于格尼解释说，“如果谷歌放到网上的是一个18世纪的翻译版本，显然这个版本并不涉及版权问题，但是，这种做法不适用于新改编或者翻译的作品。”

在实际操作过程中，虽然谷歌事先已经得到了数家美国图书馆的支持，但当它于2004年底宣布图书数字化计划的时候，仍然引发了欧洲以及其他地区的震惊。在许多国家，对公共图书的数字化工程已经有了不同程度的开展，但它们之间缺乏合作，而且似乎也缺少某种保护这些被视为各自国家文化遗产的图书作品的共同愿望。在这一点，我们必须承认，正是谷歌的计划促成了这一工程的迅速发展，这家来自美国的公司所提供的图书数字化计划的的确确唤醒了原本沉睡的力量。

2004年12月，谷歌宣布图书数字化计划后不久，法国国家图书馆馆长让·诺埃尔·詹尼内就向公众和各国政府提出了他在此计划中察觉的风险：“对于人类的文学遗产来说，任由一种几乎是垄断的方式来进行图书的数字化是非常危险的！”

2005年1月，前任法国总统弗朗索瓦·密特朗的国务秘书开始在全欧洲发起一场针对谷歌图书数字化计划的反击。早在1997年，法国国家图书馆就开始实施了一项名为Gallica的类似计划，截至到2005年年初，已经有8万册图书被以图片的形式放到了网上。与此同时进行的还有一项旨在通过OCR软件从这些图片中提取信息的计划[①]，而且法国国家图书馆还计划每年向Gallica系统中录入10～12万部作品。

在这位文化界的名人所坚持的保护原则中，非常重要的一条就

① 光学文字识别软件。该软件可以对通过扫描生成的图片进行分析，从中生成包含文字和数字的文档。

是保护文学的多样性。詹尼内声称必须要推动对“法语”数据的管理和使用：“我希望真的存在一根阿莉阿尼线（在希腊神话中阿莉阿尼用小线团来帮助提修斯逃出迷宫，意为‘指引解决复杂问题的有效途径’）。那么，当我希望对高乃依和拉辛①做一个对比，或者当我想知道在哪出戏剧中出现了哪些台词的时候，相关信息就能够被找出来。”

法国首创的这一计划立即得到了其他国家的响应。“尽管某些美国人试图这样说服大家”，詹尼内解释说，“但大家很快就会明白，这项计划不仅仅是关乎美国和欧洲的事情。世界上所有的大陆和国家都被牵涉其中：中国、印度、非洲、拉丁美洲……”

詹尼内指出，所有被涉及的国家都应该树立起一种集体意识，因为这样通常会得到意想不到的结果。如果真的能集体行动，那么就可以建立一个涵盖卢森堡、蒙特利尔等所有法语区的法语数字图书网络。他还特别强调，这项计划不存在任何的封闭性：“如果我们建成一个欧洲数字图书馆，那么谷歌也可以进行引用。我所希望的，只是图书数字化并非由少数人所垄断，我本人对此没有任何道德和技术上的指责，我只是反对出现数字文学领域的垄断者。”而且，不要忘记，“正是美国发明了反垄断法。”

第二个部分所涉及的是已经被商业化的作品以及它们的出版商。谷歌表示，它的计划是通过其搜索引擎访问那些图书馆中可以自由使用的作品的部分节选。按照谷歌的这一说法，出版商们本应该将其看作是一种吸引顾客、刺激图书销售的好方法。但是，大多数大

① 高乃依是法国古典主义悲剧早期的代表剧作家；拉辛是法国剧作家、诗人。——译者注

型出版社立即对此表示了自己的保留意见。

谷歌方面负责与出版商进行谈判的亚当·史密斯解释说，整本书都会被数字化。但是，使用谷歌这一服务的用户将只能看到这本书中很短的一部分节选内容，而且这个节选的长短将由这本书的出版商确定。通常情况下，用户将可以看到作品中节选部分的前两页和后两页内容。谷歌建议，这些可以阅读的节选内容将是相互不连续的片断，所有节选内容合计将占整个作品的20%。作为这种合作的交换条件，谷歌还将在节选显示页面上提供一些链接，指向可以购买到这些书籍的网站。

“最初，美国的出版商们对这种合作欣喜若狂”，《图书周刊》的埃尔韦·于格尼解释说，“他们从中看到了可以与世界上最大的网上书店亚马逊相抗衡的希望。在此领域已经确立了超级霸主地位的亚马逊胃口越来越大，而且总是将折扣压得非常低”。

然而，实际上很少有著名的出版商被谷歌的这一条件所吸引。埃尔韦·于格尼补充说：“那些大型出版商认为，谷歌给他们提供的好处，是使他们的出版物获得更广泛的认知度，而它们所提供的数字化图书节选为谷歌带来的却是相当丰厚的利润，这显然是一种不公平的交换。因此，它们认为这种合作对自己不利，而且，它们也不愿意将所有的鸡蛋全部放到一个篮子里。”

在谈及将书籍的部分章节在网上公开时，马尔蒂尼埃出版社的经理助理埃马纽埃尔·萨里特语气严肃：“从道德层面讲，如果谷歌选择将一部作品中某些深奥难懂的章节放到网上，将会导致公众对这部作品产生各种复杂的看法。”

在2006年3月18日开幕的图书展览会上，到场的谷歌法国分公司占据了相当大的展台。在展会上，谷歌向希望加入其图书数字化计划的公司进行了详细的宣传说明，但是只有很少的法国出版商当场进行了答复，这些出版社包括：Kargo、Elytis、Serre 以及 Gandini 等等。谷歌方面负责在法国和英国推广此项目的约翰·刘易斯·尼德汉姆表示，虽然没有著名出版社参加，但仍然有一百多个出版商成为了候选的合作对象。其中由米歇尔·瓦朗斯领导的 Eclat 出版社就为谷歌的图书数字化项目提供了近一百部书籍，并且宣布对这种合作表示满意。这一观点也得到了几家英国出版商的赞同，它们在同年 3 月 5 日举办的英国图书博览会上曾表示，凭借这种与谷歌的合作，它们的图书销量将会上升。

埃尔韦·于格尼评价说："小出版社积极加入这个项目是有道理的，因为它们能从中获得更好的宣传效果"。而且，如果谷歌着力使自己的计划更加可信，那么缺少大出版社参加的情况将不会持续太久。显然，这些大出版商只有在得到相应回报的时候，才会同意谷歌访问它们的书库。

第三个部分所涉及的书籍，却引发了一些法律问题。如果作品由某个图书馆所有，并且受版权或者著作权保护，对其进行数字化应该如何操作呢？即使这种权利已经维持了半个世纪甚至更久，同样的问题仍然存在。如果出版商已经不存在了，又该怎么办呢？这些权利应该归谁所有？作者，还是他的继承人？

对此，2006 年夏末曾与谷歌就图书数字化项目达成协议的六家图书馆采取了不同的态度。密歇根大学对将其馆藏的 700 万册书籍进行数字化开了绿灯。加利福尼亚大学也同意了这一计划。但牛津大学和纽约公共图书馆则持不同态度，只允许访问其馆藏图书中属于公共领域的部分书籍。斯坦福大学则仍然没有改变其坚定立场，只同意扫描绝版书籍。而哈佛大学方面，则准备在加入这场冒险之前先进行一段测试。

对于全力进行这一计划的谷歌来说，很快就面临了一个尺度把握的问题。谷歌为图书数字化项目建立的工作流水线规模庞大，必须进行大规模的处理，为密歇根大学设计的操作规程更是复杂。首先，这些书由谷歌的搬运工装上大卡车，运到距离 Googleplex 总部办公楼东南几公里的巨大仓库里。随后，书籍将立即送到谷歌设计的扫描仪中进行扫描储存。

每一辆到达处理中心的卡车都运送了数以千计的图书，那么怎样才能区分哪些书属于公共领域，哪些书不是呢？在书籍运抵时确定哪些书没有版权限制是一项不可能完成的任务。仅仅寻找某一部作品的版权所有者就可能需要好几个星期，而谷歌所担心的正是怎样才能尽快完成这项工作。

2005 年年初，谷歌找出了一个解决问题的办法——无论是出版商还是作者都有权“要求退出”这一计划。这就使得谷歌能从 Book Search 图书数字化项目中挑出一部分作品。为了表现自己的诚意，谷歌甚至在宣布这一决定时表示，它将会在 3 个月的时间内停止图书数字化工作，以允许出版社和作者向其提出“要求退出”的意见。

然而，出版商们并不欣赏谷歌的这一做法。首先，这一领域的专业人士十分不看好由谷歌主导，对根本不属于它的图书作品进行数字化工作。此外，由于谷歌计划建立相关的电子档案，那么，一旦某本书被数字化，即便随后它又被从 Google Book 服务中删除，谁也无法保证在谷歌的数据库中不会留下任何数据信息。而且，一本书的电子版永远都无法避免被盗版的可能，以及由此产生的非法出版发行。

“让出版商们害怕的是”，埃尔韦·于格尼进一步指出，“将他们出版的图书进行数字化这一过程，将完全不受他们的掌控，而且除此之外，电子版图书在网上的流通，他们也无法控制。”

美国出版界开始对谷歌的做法感到不安，并且很快采取了法律行动，要求谷歌停止对书籍的野蛮扫描行为，即便谷歌已经提出版权所有人有权退出。

2005 年 9 月 20 日，美国作家协会（美国一个致力于保护作家利益的协会组织）宣布已经在曼哈顿法院向谷歌提起了诉讼，控告的主要罪名是大规模侵犯他人权益。诉讼请求中还包含一项条款，要求法院颁布“停止所有数字化活动的命令”。

在辩护中，谷歌解释说其搜索引擎的结果中只会显示与用户搜索内容相关的书籍节选部分，这符合引用权的规定。更何况，在这个节选中，谷歌还为促进这本书的销售而加入了通向网上书店的链接。但是出版界对谷歌的辩解却不以为然，而是紧紧抓住一点，批评谷歌在事先没有得到任何允许的情况下，擅自对出版商和作者合法拥有的作品进行整体数字化。

令让·诺埃尔·詹尼内感到震惊的是，谷歌竟然对这一法律常识置之不理：“谷歌已经对大量受著作权保护的作品进行了数字化，不管被数字化的是作品的一部分还是全部，这都是一种伪造行为，在没有与出版者达成协议的情况下就贸然行事，简直难以想象!”

2005 年 10 月，在谷歌的图书数字化计划持续进行达八个月之久的时候，几家著名出版社（McGraw-Hill、Pearson Education、Penguin Group、Simon&Schuster 以及 John Wiley&Sons）在美国出版商协会的支持下对谷歌提起了诉讼。但令这些联合起来的出版商们气愤的是，谷歌对他们的要求置若罔闻，于是他们指出，这种回避态度将可能给他与其他搜索引擎的商业合作带来阻碍。因为诸如雅虎、MSN/Live（微软）以及美国在线，都将为版权支付费用。

1月25日，法国出版联合会（SNE）就此公开发表了看法，这个代表了法国90%出版商的联合会表示，目前的这种状况令人无法接受。

实际上，法国各家出版商的意见也不是完全统一的。2006年2月，马尔蒂尼埃出版社就曾咨询过律师的意见，该出版社的经理助理埃马纽埃尔·萨里特表示："我们还将继续观望，看看大家是否会有一致的意见。"

同年3月，马尔蒂尼埃出版社收到了谷歌的来信，在信中，谷歌请求马尔蒂尼埃出版社挺身而出，为其说话。埃马纽埃尔·萨里特进一步说明："谷歌向我们解释说，虽然他们在进行作品的数字化，但我们仍然有权要求从他们的数据库中删除这些作品，这是我有史以来看过的最不可思议的一封信。如果我们真的拥有这个权利，他们就不需要给我们写信了"。因此，他决定交由法律程序处理。

由于谷歌2006年3月13日在自己网站上的一份备忘录中公布了这件事，大多数法国出版商都不同程度地拒绝由谷歌对他们出版的书籍进行数字化。Hachette出版社采取的态度是拒绝将其出版的法语、西班牙语以及英语书籍交由谷歌进行数字化，并且不接受谷歌提出的"要求退出"程序。Gallimard出版社最初同意与谷歌合作，并提供了258部作品，但随后收回了这些书籍，而且最终决定采取与Hachette出版社相同的保留态度。与这两家出版社不同的是，Editis出版社表现出了更多的灵活性，向谷歌提供了一份清单，列出了其出版的图书名称及ISBN编号，以便将这些书籍从谷歌的数据库中删除。

从这一年春天开始，欧洲出版界的态度逐渐明朗。5月15日，德国出版商及图书馆联合会 Börsenverein 将谷歌告上了汉堡法院。7月6日，马尔蒂尼埃出版社以新闻发布会的形式表达了自己的意见。随后，法国出版界也以 Seuil、Delachaux、Niestlé（瑞士）以及 Abrams（美国）出版社的名义，状告谷歌"伪造和侵犯知识产权"。

马尔蒂尼埃出版社的总经理埃尔韦表示："一段时间以来，谷歌在未经出版商允许的情况下擅自对这些出版商出版的书籍进行数字化，这不仅是侵犯自由的问题，更是涉及自由本身的问题"。

在巴黎举行的新闻发布会上，马尔蒂尼埃出版社的总经理埃尔韦明确表示，他一点都不反对将图书进行数字化。但是，他解释说："所有的参与者都应该共同协商。某一方不能将自己的意愿强加给别人，这种做法是不能容忍的"。在这个新闻发布会上，埃尔韦还列举了一本书作为例子。虽然这本书已经绝版，但它仍旧属于马尔蒂尼埃出版社所有，这本书就是埃马纽埃尔·穆尼埃的《绝望者的希望》。

最关键的问题是，谷歌在进行数字化的同时，还放弃了进行商务谈判的一切可能。就像埃马纽埃尔·萨里特所指出的："在对我们的书籍进行数字化的同时，谷歌也失去了可能从其他搜索引擎公司获取的利益，并且放弃了通过与我们谈判达成专营权协议的可能。"

在他看来，谷歌向用户提供作品节选的方式"脱离了上下文，被割裂开来的复印件严重损害了作品的完整性。"

于是，马尔蒂尼埃出版社要求收回已经被谷歌数字化的书籍。对此，谷歌法国分公司的答复是事情将尽快了结。马尔蒂尼埃出版社已经向法院申请了逾期罚款（一种合法的手段，要求在执行某个义务的时候，对延期按天数缴纳一定惩罚金额），而且包括损失及利息的罚款数目高达每天 100 万欧元。按照埃马纽埃尔·萨里特的说法，是其美国分公司 Abrams 的律师建议这样做的，因为法国有知识产权法，在法国赢得这种诉讼的可能性比较高。马尔蒂尼埃出版社还要求谷歌方面正式承诺，今后不再对其出版的书籍进行数字化。

法国出版联合会（SNE）最初只表示将参加这个“集体应对伪造侵权行为的活动”，没有要求采取更进一步的行动。但是，2006年10月30日，法国出版联合会（SNE）最终也采取了法律措施，其主席宣布要求“谷歌立即停止对图书的数字化，并且取消谷歌未经许可即在网上公开的所有著作内容。”

就这样，又一次出现了双方对峙的局面。谷歌表现得像一家慷慨无私的企业，梦想打造可以与狄德罗和阿朗贝尔的百科全书相媲美的现代版百科全书[①]。而出版界方面，通常所表现出的意见可以总结为一句话：“著作权属于出版商和作者。”

美国出版商协会法律事务负责人艾伦·阿德勒于2006年8月13日接受《华盛顿邮报》采访时提出，被命名为“所有人的数据库”的数字图书馆将致力于成为世界上最大的图书馆：“这实在是令人兴奋，简直是酷极了！这一计划将体现巨大的商机，值得进行投资。”

阿德勒提出的“所有人”这一说法无疑会引发某些人的不满。因为在对图书作品进行数字化并生成电子文档的过程中，谷歌是违法的。美国作家协会的负责人保罗·艾肯对这种观点持赞同意见：“他们试图回避建立相应的许可协议。如果版权所有人被置于一种不可能给出不同意见的处境，那么他也将无法给出任何授权许可。”

埃尔韦·于格尼则采取了更加激进的立场，因为他对谷歌的傲慢态度十分不满：“他们的态度表明了某种美国主义思想，他们自认为有权这样做，于是就希望在别的国家也享有法律上的特权。而且

① 狄德罗和阿朗贝尔是第一部法国《百科全书》的主要编纂者。——译者注

难以理解的是，谷歌居然敢擅自使用那些受法律保护的书籍！”

对于通过图书馆馆藏书籍获取的电子图书，出版商可以“要求退出”的权利却是无法实现的：“最奇怪的地方在于，当他们从某位出版商那里获得要求被去除书籍的清单时，才会将这些书籍从项目中删除。但是，由于他们无法判断其他作品的著作权状态，这家出版商的其他作品仍将被数字化！”

而另一方面，谷歌的负责人则不断强调，图书数字化项目需要大量的资金，而且没有任何投资回报方面的保证。Google Book 欧洲地区负责人杰斯·都斯坦·瑞德姆明确表示：“所有人都怀疑，我们的图书数字化项目背后隐藏着某种商业模式，而事实上根本就不存在，这一项目需要花费大笔资金，但我们还没有任何直接的商业利益来源。”

这一次，谷歌又打出了一张精彩绝伦的牌。我们愿意相信他们的表态，但是如何才能相信这家创造了利润纪录的公司真的会进行一项没有任何回报的工程呢？埃马纽埃尔·萨里特说：“对于普通网民来说，这样做没有任何意义。他们想做的，是以此为借口先将一只脚踏进大门。实际上，他们已经通过使用书籍内容建立了商业模式。”

对于艾伦·阿德勒而言，这个计划首先体现了一个充满智慧的经济战略，因为它可以突出谷歌与其竞争者，例如微软和雅虎之间的差别。

在发表于《图书周刊》的文章中，杰斯·都斯坦·瑞德姆曾承认，这个项目中的确含有一项战略投资：“我们必须不断完善我们的服务内容，以及搜索的质量，以便吸引更多的网民并使他们成为我们的忠实用户。”[①] 他强调说，这些服务上没有加入任何广告链接：

---

① 《图书周刊》2006 年 4 月 14 日版。

“在这方面我们没有任何利润可以获取。”

但是，根据让·诺埃尔·詹尼内的观点，仍然需要看到事物的两面性：无论佩奇和布林的出发点多么的好，“谷歌始终是一个扎根于盎格鲁-撒克逊文化，靠广告维持经营的企业。即使它自己忘了这一点，它的股东们也会时刻提醒它。”

让·诺埃尔·詹尼内对谷歌的企业运作模式提出了质疑。由于谷歌始终不愿意公开 PageRank 的算法，公众永远都不可能了解谷歌的真实运作过程，充其量不过是“名望带来更大的名望”。机构风险在于，提供文学作品的组织和机构迟早会受到广告的影响，整个相关领域都有可能因此而遭受损失：“最大的危险是，财富带来更多的财富。出现一本畅销书的确很好，但我不愿意看到，由于畅销书出现的频率远远超过其他的书，就使得年轻人没有机会看到普鲁斯特的作品。”

埃马纽埃尔·萨里特也对这种观点持支持态度：“谷歌的主要运作方式在于根据网站被引用链接的数量对其进行分类排名。这种超简化的方法在网络信息领域已经取得了巨大成功，但是，这种方法却不能适用于图书领域。如果某位网民在搜索栏中键入‘达·芬奇’，那么在数以千以的搜索结果中，如何确定将哪本书排列在第一位呢？对此谷歌并没有给出明确说明。更何况，由于谷歌必须在这一点上征求出版商的意见，那么情况将变得更加复杂。”

让·诺埃尔·詹尼内这样总结：“按照这种模式，也许人们会读到《达·芬奇密码》，对此我没有反对意见，但前提是其他的相关图书不会因此被湮没！”

尽管如此，Google Book 计划还是有其支持者的。著名的网络文化研究学者霍华德·莱茵戈德，就对谷歌持毫无保留的支持态度：

“我支持数字图书馆计划。首先，属于公共领域的图书已经在这个名称中表现得十分清楚：这些书籍属于公众，这些作品是属于全人类的。此外，如果某些作者担心其作品的节选内容出现在数字图书馆中会带来经济上的损失，那么这些人的目光就太短浅了。因为读者可能会由于在数字图书馆中看到节选段落而去购买整部作品！”莱茵戈德对出版商的态度也相当严厉，因为在他看来，这些出版商根本没有致力于有效推广它们所出版的图书。

Google Book 计划的支持者们认为，谷歌的搜索引擎可以弥补众多出版商的不足，帮助它们在图书下市之后仍然可以被读者看到，而且作者也能从这一服务中获益。除此之外，谷歌还能激发读者对于某一本出版商不再发行的图书的兴趣，从而使这本书获得重新印刷或者仅仅是限量发行的机会。

斯坦福大学图书馆馆长迈克尔·凯勒并不认为谷歌的图书数字化工程会对图书的商业发行带来阻碍：“将一本书的所有单词编入索引目录有什么不好呢？请冷静思考一下！为什么要为此再次付费呢？”

在他看来，之所以反对，是因为出版商们从中看到了极大的商机，他们是想从图书数字化中大捞一笔。

埃马纽埃尔·萨里特毫不掩饰地表示，从商业角度来说，出版商们的确遭受了损失：“谷歌的所作所为有悖常理，因为与互联网相关的活动大多都是含有商业目的的，诸如微软、雅虎、亚马逊等公司都是如此。在这方面，谷歌标新立异的态度为商业自由造成了某种程度的束缚，而且，我们也十分希望谷歌在与作者达成协议之后再对作品内容进行数字化。”

谷歌法国分部负责人马特·卡尔杜内曾这样反驳：“当我们考虑

到谷歌这一计划有助于法国文化在全世界范围内传播时，就会发现，谷歌的图书数字化计划似乎比法国图书馆以及法国文化部在相关领域所作的贡献更重大，这也使得现在进行的这场论战显得好像微不足道。”

谷歌凭借其作为互联网最受欢迎的法语网站的地位，以及每月2 000万的访问量，这个搜索引擎提供的法语文献资料数量将是以前任何时期都无法比拟的：“法语网站的数量将因为谷歌而爆炸式增长！”

除了对著作权的侵犯引发了出版商的不满之外，谷歌还受到了法新社的指责，后者批评谷歌通过新闻服务引导用户访问其文章和照片。面对这些非议，谷歌最终决定从服务内容中取消受版权保护的法新社新闻。然而，冲突并未因此结束，反倒进一步加剧，因为法新社方面发现谷歌新闻服务中提供的某些链接会对法新社的形象造成损害。正如法新社 2006 年 5 月 31 日致谷歌律师的信中所指出的，谷歌的某些搜索结果给出的是死链接（为网民提供的链接会指向法新社已经从数据库中删除的文章）。到写信的时候为止，法新社的律师已经统计到 350 篇法语文章出现了类似的情况。

在比利时，由几家新闻出版商共同提起对谷歌的法律诉讼于2006 年 9 月 5 日有了最终裁决：谷歌被勒令限期从新闻服务中删除这些出版商的文章。如果谷歌不按规定执行，从 9 月 18 日起，每延期一天的罚金将高达 100 万欧元。谷歌最终宣布服从这一判决，但仍然有出版商提出抗议。值得一提的是，一些比利时记者和新闻摄影师也参与了这场诉讼案。

2006 年秋天，谷歌收购视频播放网站 YouTubc 之后，电视领域也出现了同样的抗议声音。例如，美国 FOX 电视频道以侵犯版权为由，要求谷歌停止通过该网站播放其电视节目——其中包括著名电视剧《辛普森一家》。

直到这篇文章完成的时候，这场论战还没有结束。埃马纽埃尔·萨里特在了解到诉讼程序需要一段时间之后显得信心十足："如果我们最终对簿公堂，他们肯定会以败诉告终，对此他们应该非常清楚。"

2006 年秋，有迹象表明，已经有数十万书籍被数字化，而且已经可能通过网络进行访问。这让人们了解到了谷歌实施这一计划的速度和决心。

或许要等到 2007 年夏天，人们才能了解美国司法部门对于这一问题的态度，但是由于谷歌在这一计划上进展极快，到时它可能会因为该计划已经成为事实而处于某种微妙的境地。

四、决定生死的权力

谷歌对其索引目录进行的这些清除活动在业内和专业媒体中引起了巨大反响：涉及的“搜索引擎优化”服务公司不得不面对那些为自己网站的前途担忧的客户所提出的大堆问题。

互联网上有数以亿计的网站，但是，只有少数几个网站可以成为进入互联网信息王国的门户：雅虎、MSN/Live、美国在线，以及排在第一名的谷歌。在法国，谷歌占据了不容置疑的统治地位：2006年9月底，由网站流量统计机构 Xiti 进行的调查结果显示，谷歌占有87.13%的市场份额，而且仅仅在当月就增长了0.9个百分点，排名第二的雅虎却只吸引了4.32%法国网络用户。

谷歌十分标榜其搜索界面的简洁风格，微软也在其 MSN/Live 搜索引擎中选择了这种风格。但是奇怪的是，虽然雅虎提供的服务经常是非常高质量的，而且这种高质量有时候并不为人所知，可是雅虎始终不愿意恢复其起步阶段同样简洁的界面风格，而当时，雅虎正是互联网上访问量最大的网站。由于在网页上张贴各种类型的广告，美国在线、雅虎以及 Orange 逐渐丢失了自己的市场份额。

同样，大量使用广告以至于遮盖了搜索结果的其他搜索网站也遭遇了相同的命运。采用这种广告显示模式的网站，都希望尽快获得赢利，但他们万万没有料到的是，多数网民却因此对他们的网站采取了抵制态度。

在这方面，拉里·佩奇和塞吉·布林选择了一条正确的道路，并由此拥有了一批忠实的用户群。对于大多数网民来说，谷歌已经成了他们网络生活中不可或缺的一部分。ePrivacy. com 的菲利普·古埃努评价说："谷歌伟大的创新特质就在于其十分清楚，为了获得最大化的广告收益，不能简单地增加广告空间和面积，因为这样做会给搜索质量带来无法接受的损害。为了使广告收益最大化，谷歌充分考虑了三方面的因素：广告显示位置、时间以及显示机会的价值，而且谷歌已经将这三方面的因素都发挥到了极致。"

为了进入某种媒体，人们都习惯于使用一个门户入口。例如，众多的电视观众在打开电视机后都会漫不经心地按下遥控器上的 1 键，尽管这个频道的老板为了给可口可乐打广告而使节目内容令人乏味。另外一些人则从开始使用收音机以来，一直习惯为收音机预设好一个电台频道。当然，还有一部分人习惯到 iTunes 或者 Virgin-Mega 等网站去搜索自己喜欢的音乐。在网络媒体领域，对于大多数用户来说，谷歌就是他们默认的门户，难道他们会愿意改变这一现状，而使习惯于使用谷歌的用户不知道如何进行网络操作吗？

谷歌并不是唯一享有这种特权的信息媒体，对于 95%的个人计算机用户来说，Windows 是必不可少且难以取代的。同样，也曾有人绞尽脑汁，试图要在 Mac 苹果机上使用另一种不同于苹果 Mac OS 的操作系统，甚至有人在 Mac 苹果机上使用 Unix 操作系统，但这都不能影响其原有操作系统的统治地位。

在搜索引擎领域，谷歌的统治地位正逐渐向近乎垄断的方向发展，网站为了能够生存下去，就必须进入谷歌的索引目录。因此，所有的互联网企业，无论是个人网站还是知名网站，都自然而然地希望在谷歌的搜索结果页面获得更好的显示位置——当然，是在独立于商业广告链接显示栏的正常搜索结果中。

业内有一种说法：通常情况下，搜索引擎的用户只会访问结果中的前10个链接，大多数网民几乎很少会超过这个界限。同样的道理，被摆放在书店入口或者橱窗中的书籍会比其他图书获得更好的销售效果。因此，仅仅在报章上拥有好的评价是远远不够的。在公众面前保持较高的出现频率是必不可少的：在书店中，购买者往往会被他能够一眼看到，或者能够随手翻阅到的书籍所吸引，而很少去浏览那些被摆在书架高处的图书。

网络上也存在相同的效应，能够被看到，就意味着存在。在搜索结果第一页上显示的网站往往拥有最大的可能性被网民访问。然而，当用户在键盘上敲入“汽车”这个关键词进行搜索的时候，只有10余个相关的网站能优先显示在搜索结果的第一页，而与此同时，在它们的后面还有大约9 000万个网站链接。

PageRank的算法去除了搜索结果中的数千万链接。由于这个不断完善的算法始终处于保密状态，如果那些曾经被从搜索结果中去除的网站重新又出现在了谷歌的搜索结果中，它们首先要感谢的就是这个神秘未知的算法。每一个搜索引擎都是这样按照自己的评判标准和自己的算法运作的。只是，如果假设搜索结果中前10个网站的排名顺序是由谷歌内部决定的，那么这必将引发人们的担忧。

由此产生了一个新的行业，那就是帮助改进网站在搜索引擎搜索结果中的排名，像Trellian或者Addweb之类的软件甚至宣称可以帮助某个网站“重新登上”搜索结果。还出现了类似LinkMarket的链接交换网站，而且其作用往往十分有效。WebPerformance和

Mktgrop之类的公司纷纷出现在地段好的写字楼中：它们唯一的业务活动就是帮助一家网站登上谷歌搜索结果的第一页，而且如果可能的话，一直帮助网站抵达搜索结果中排名第一的位置，这一行业被称为："搜索引擎优化"。Pagesjaunes.fr就曾创建过一个包括数以万计网页的网站，上面提供了各种各样的关键词，目的就是为了能够被搜索引擎参考。

谷歌对这些行为的惩罚办法，就是充分利用其拥有的令所有人生畏的武器：简单干脆地完全排除！这就好比检疫隔离或者现代版的逐出教会。现在的谷歌已经如此强大，以至于它完全可以决定对某一家公司进行惩罚，而不用理会这家公司拥有多么重要的影响力。

在其网站上公布的《给网络管理员的建议》[1]一文中，谷歌毫不掩饰地表达了自己的特权，并建议网络管理员们避免采用各种各样的方法试图去迷惑PageRank，这些方法包括：

——隐藏的文本或者链接；

——狡猾的"链接指向"；

——网页上包含有与网站内容无关的词汇；

——网站内容全部从另一网站复制而来；

——网页只提供指向广告客户的链接并从中牟利，等等。

最早因为上述做法遭受处罚的"搜索引擎优化"公司有美国的SearchKing，这家公司将其客户的广告链接放到一些知名网站上，以帮助客户进入谷歌搜索引擎的索引目录。在从2001年2月到2002年

① www.google.com/support/webmasters/bin/answer.py·answer＝35769。

7月长达一年半的时间内，由于客户的 PageRank 排名不断上升，SearchKing 的这种做法带来了良好的经济效益。然而，从当年的 8 月份开始，SearchKing 所服务的网站在谷歌搜索结果中的位置一落千丈。SearchKing 为此向谷歌提起了诉讼，但最终没能赢得这场官司。

在欧洲，有好几家“搜索引擎优化”公司也在 2004 年夏天遭到了相同的惩罚，因为谷歌认定它们采取了与 SearchKing 类似的“诡计”。其中一家公司的职员证实：“总体而言，公司有时候会‘改动’网站的编码，以便迷惑搜索引擎使之注意到这些网站……”

由于 PageRank 的算法并不为人所知，那些成功发现其某些秘密漏洞的公司肯定经过了反复的试验，而且，在一些专业人士中间，某些被认为行得通的方法已经逐渐为大家所了解。

以一个预订宾馆房间的网站为例。通常，这种网站都包括一个带有表格的网页，用户可以在表格中输入一个地名（弗雷瑞斯、蒙特利尔，等等）。在这种情况下，这家网站如何才能进入谷歌的搜索结果呢？对此，某些“搜索引擎优化”服务提供商给出的解决方法就在于，创建一些包含有诸如“弗雷瑞斯宾馆”、“蒙特利尔宾馆”等等短语的“隐藏”网页。虽然这些网页并不属于某个网站，也不会在网络上出现，但它们却存在于某个互联网服务器上，而且其中每个网页都会含有指向上述在线宾馆预定网站的链接指令。于是，当某个网民在搜索引擎中搜索“弗雷瑞斯宾馆”或者“蒙特利尔宾馆”时，谷歌就会在结果中优先显示这个宾馆预订网站。

这个行业中的另一种通行做法就是制造“镜像网站”（与主站是完全平行的），这种“镜像网站”往往拥有数千个网页，包括各种可能会被谷歌网页分析机器人所关注的关键词，以便谷歌将其编入索引目录。而且，这些“镜像网站”上的网页永远不会在网络用户面前出现，对它们的点击会立刻被链接到主站上。为了迷惑 PageRank，甚至还出现了一些网站团体，大规模地相互交换链接。

显然，负责 PageRank 的工程师们或多或少地发现了这些伎俩。对此，他们首先是研究开发技术应对措施，于是 PageRank 算法中的方程式得到了更精细的完善，以防止那些扰乱正常运行模式的企图。

对于这个问题，导购网站 Leguide.com 的负责人伊格尔·舒拉姆博格有自己的看法："谷歌会定期改变其算法并做到始终保密。一旦以某种方式建立的网站在谷歌中获得了优待，一些人就会注意到这一点，并开始以相同的方式建立自己的网站。那些试图弄虚作假的网站也会在特定时间采用特定的技术，因为一旦谷歌改变算法，它们将蒙受巨大损失。总体上说，直到现在用户仍然能感觉到谷歌的搜索引擎性能越来越优秀，这正是它一直获得成功的原因所在。"

然而，数学算法不是包治百病的灵丹妙药，某些行为在谷歌看来已经是无法容忍的了，因为谷歌认为这些做法将会"污染"它的索引目录。2004 年春末夏初，谷歌的技术负责人在一些论坛上发布消息，宣称将不再容忍和宽恕那些欺骗谷歌程序的企图和行为。

2004 年 8 月，惩罚突然降临。多家法国"搜索引擎优化"服务公司被干脆利落地从谷歌索引目录中完全剔除，所涉及的公司事先没有得到任何通知和警告，不得不直接面对现实。虽然这些公司试图与谷歌法国分公司取得联系，但没有什么结果，通过电话始终无法联系上谷歌方面的人员。"一切都是通过电子邮件进行的"，曾经历过这一事件的一位员工证实。要求与谷歌法国地区负责人见面的请求也没有得到任何答复，谷歌在当地的业务代表似乎也只愿意谈论其经营业务。然而，这一事件的主要参与者之一——一位不愿被提及真实姓名的人士却表示在谷歌内部出现了一些值得关注的现象：

没有被列入惩罚黑名单的法国“搜索引擎优化”服务公司都通过购买 AdWords 而成为了谷歌的客户。

谷歌法国分公司则否认存在这种行为：“将某个网站从参考索引中剔除的决定是由远在美国的总部作出的，而且作出此项决定是完全出于技术原因，而非商业考虑。”

谷歌对其索引目录进行的这些清除活动在业内和专业媒体中引起了巨大反响：涉及的“搜索引擎优化”服务公司不得不面对那些为自己网站前途担忧的客户所提出的大堆问题。在美国和德国也出现了类似的情况：遭受类似惩罚的德国公司 eProfessional 甚至不得不因此辞退了一半的员工。

那些进行商品价格比较的网站，如 Kelkoo、acheter-moins-cher. com 以及 Webmarchand，有时也会因为谷歌的这种操作模式而遭殃。这些网站的服务就是扫描和比较大部分的购物网站，找出最低的商品价格，并将用户指引到提供最优商品的网站。当然，这些网站也希望用户在搜索“照相机”、“洗衣机”、“吸尘器”等关键词的时候，它们能出现在谷歌搜索结果的第一个页面中。因此，为了达到这个目的，它们偶尔也会采用与前文提到的方法类似的伎俩。

“谷歌的技术人员也存在疑问：像我们这样提供指向其他网页的网站对他们是否有用。”Leguide. com 的伊格尔·舒拉姆博格曾这样表示，同时，他还解释说他们甚至一度考虑删除价格比较程序。“谷歌方面肯定考虑到了从事我们这个行业的人士的意见，因为他们也建立了自己的价格比较服务：Froogle。”

Kelkoo 所遇到的情况则非比寻常，这个网站的创始人皮埃尔·查帕兹透露说“搜索引擎优化”服务公司对其价格比较系统进行了精心的修饰，以至于对任何一篇关于家用电器或者信息科技文章的查询都会获得进入 Kelkoo 的链接。2004 年年初，他开始与雅虎接触，商讨将 Kelkoo 出售给雅虎的有关事宜，然而，就在这一时期，这个价格比较网站在谷歌搜索结果中的排名等级却出现了急速下降。有消息说，Kelkoo 的一位高层管理人员当时曾接到来自谷歌一位负责人的电话："如果你们与雅虎的谈判没有达成协议，请过来找我们……"，然而皮埃尔·查帕兹拒绝对这一消息发表评论。2004 年 4 月以 4.75 亿欧元将 Kelkoo 卖给雅虎之后，查帕兹在瑞士定居，致力于创建 Wikio 的他再也不愿提及职业生涯中的这一段经历。

2005 年年初，Leguide.com 在 PageRank 中的排名经历了一个暂时的下降。伊格尔·舒拉姆博格对此解释说："当时，随着博客的出现，谷歌希望支持这种'不同'信息的发展，以应对那些不经处理就大量相互转载相同内容信息的现象。快到 2005 年 2 月的时候，谷歌开始按照以下原则有意提高独立网站的 PageRank 排名：'如果某人是自己发布一些信息，那么相对于那些从网上复制粘贴信息的网站，前者将会得到更多的关注。'然而，谷歌方面很快发现这样做在信息转载等相关方面造成的影响过大。当用户输入某些关键词进行搜索的时候，他却找不到之前曾经看到过的信息。于是，人们会认为搜索引擎的搜索质量不如以前，随之就会减少对这个搜索引擎的使用频率。鉴于这种情况，谷歌在 2005 年 5 月初放弃了这一原则，重新回到以前的规则上。"

然而，在谷歌调整策略的过程中，一些网站却受到了直接的影响：从 2005 年 2 月开始，Leguide.com 的股票价格出现了严重下滑，直到 5 月份才重新上升。对此，伊格尔·舒拉姆博格却拒绝明确表达自己的看法，只是承认其中还有一些其他原因。

这一事件过去一年之后，KinderStart.com 对谷歌提起了诉讼，因为在其负责人看来，KinderStart正是谷歌2005年调整相关策略的受害者。从2005年3月开始，这个专门为儿童设计的搜索引擎网站的使用率下降了70%，由此其经营收入更是锐减了80%。在2006年6月30日对此案进行的预审中，KinderStart方面的律师格里戈尔·于指责谷歌故意降低该网站的PageRank排名，因为KinderStart对谷歌形成了竞争。谷歌的代理律师之一乔纳森·雅各布森则辩护说谷歌没有“任何义务”帮助自己的竞争对手。

令人印象最为深刻的惩罚事件出现于2006年2月份，这一时期，人们都发现宝马公司已经成功欺骗了PageRank系统。当某个网民在谷歌中输入“全新汽车”或者“二手汽车”进行搜索的时候，宝马公司总会出现在搜索结果中。为了达到这个目的，宝马公司曾专门设计了许多的网页，相应的关键词会在这些网页上面成百上千次地出现，而肉眼却无法看到（例如在黑色页面上使用黑色文字）。谷歌方面对此的惩罚是相当严厉的：在短短的48小时之后，宝马公司的网站就再也没有出现在谷歌的搜索结果中。一位从事“搜索引擎优化”服务的专业人士评价说：“谷歌就是以这种方式制定规则的。”

因此，许多公司的生存状况目前在部分程度上都依赖于PageRank为其确定的受欢迎程度。诚然，谷歌对那些在它看来是“污染”其索引目录的行为以及实施者采取防御措施是完全可以理解的，但上述一系列事件也说明了谷歌的权力到底有多大。和往常一样，谷歌对这些事件所表现出的态度是自己并没有错，然而，当企业方针发生改变——尤其是指导思想发生改变的时候——谷歌将能轻易地削弱甚至摧毁某些竞争对手，并且继续用上述理由为自己辩护。

因此，我们似乎应该希望谷歌永远不要在信息搜索领域达到绝对垄断的地位。

五、老虎机的弱点

虚假点击以及与 AdWords 相关的拍卖行为无疑成为了谷歌的弱点。

几乎所有的软件设计专家都会在某一天因为过于自负而犯下错误。由于过度沉迷于逻辑运算程序的能力，这些设计人员经常会忽略这样一个问题：是不是所有的一切都会按最初设想的那样进行呢？

大多数计算机领域的缺陷都会出其不意地在相关领域造成惊人的影响。1988 年最早在 IBM 公司网络中传播的病毒是由一封祝福员工圣诞快乐的电子邮件引发的。电子邮件的普及还造成了垃圾邮件或者称为不受欢迎邮件的增长蔓延，尽管多年来软件工程师一致努力寻找控制这种扩散势头的方法，但仍然没有成功。网络的流行也引出了一些偷取信用卡账号等他人私密信息的钓鱼网站。

每当这种缺陷情况被暴露出来的时候，人们就会认为那些新系统的设计人员在埋头苦干以最快的速度推出新产品的同时，却忽略了考虑产品潜在的不足甚至是可能的缺陷。在这方面，Windows 操作系统就是一个很好的例子，为了对抗盗版和之前没有预见的问题，针对这个操作系统的更新和补丁几乎从未停止过。

如果是在一个理想化的世界，那么谷歌也许可以安睡在自己已有的荣誉和成就之上，泰然享受 AdWords 带来的巨额收益。然而现实并非如此，山景城的数学专家们也遇到了预想不到的问题。由于没有预见到可能的风险，他们不得不在遇到问题之后再研究化解的良方，但这种事后补救的解药往往是苦涩的。

2006 年，谷歌的五大广告客户分别是 eBay（每年 1.8 亿欧元）、亚马逊（每年 1.62 亿欧元）、Expedia 旅行社（9 000 万欧元）、Hotel Reservations Network（每年 2 700 万欧元）以及 Lastminute. com（每年 900 万美元）[①]。作为其最大广告客户的 eBay，这家网上书店接近三分之一的广告预算都贡献给了谷歌。

那么到底是什么原因，促使这些著名的企业将自己宣传推广预算的很大一部分都保留给一个搜索引擎呢？这是因为，在搜索引擎中它们最有可能找到对产品有兴趣的网民，并在那里吸引他们。在这些网络销售公司看来，凡是对产品有兴趣的网民都有可能下单购买，在搜索栏中输入“詹姆斯·帕特森”或者“指环王”的网民都被看做可能会购买詹姆斯·帕特森的作品，或者是彼得·杰克逊导演的魔戒三部曲 DVD 套装的潜在购买者。

1999 年左右出现的价格比较网站也是基于相似的原理操作的：将潜在的购买者吸引到在线购物网站中，但是，这些网站根本无法获得与搜索引擎相同的访问量。这也正是 AdWords 成功的原因，因为它可以像一个隐形的向导一样将用户引向与其搜索主题相关的网站。

然而，事情逐渐变得复杂起来。越来越多的广告客户开始担心，它们从搜索引擎那里拿到的广告费账单上的数目大大超出了有效点

① 法国《资本》杂志测算的数据。

击应该支付的费用——后者才真正代表了有真实购物意愿而对网站进行的访问。

这种在点击数上的造假行为可以有多种来源。首先，通过人为地大量点击竞争对手的链接可以增加其广告费用，从而削弱这个竞争对手。为了这个目的，甚至开发出了专用的"机器人"程序，用于产生成千上万次浪费对手广告费的点击。因此，当广告客户从谷歌那里收到的广告费账单完全与其实际销售量不相符的时候，这些广告客户就会觉得自己遭受了损失。

从2005年年初起，一些购物网站的市场营销负责人开始注意到某些奇怪的现象。对其广告链接的点击有很大一部分都来自于同一个网络地址，而这些点击中没有任何一次最终达成了商业交易，最终，他们发现了这种制造重复点击的软件。

很快，谷歌就意识到这种点击欺诈行为可能会对其企业形象造成损害。2005年春天，谷歌通过评估计算得出结论，这种虚假点击占了其商业广告链接点击总数的10%。谷歌坚决表示会将这些点击区分出来，并将这些点击产生的广告费用从客户的广告费账单中扣除。然而，《Business 2.0》杂志在同一时期的评估却显示，这种虚假点击大约占点击总数的30%。

2006年底发布Megaglobe服务的娜姆·摩尔表示，她也曾做过相似的评估："我曾创建多个网站并且希望与各家企业取得联系。为了实现这个愿望，我花费了相当的费用在诸如谷歌之类的搜索引擎上购买商业链接广告，但是，我当时很明显的发现自己经常需要为虚假的点击支付广告费用。于是，我决定向相关的专家求助，请求他们帮助我设计开发一种能够检测甄别这种虚假点击行为的软件。通过这一事件，我才切实感受到了互联网上这种灾害的影响范围有多大……”根据她的看法，商业广告链接点击总数中，有三分之一的点击都是不正当的。这一现实促使娜姆·摩尔创建了在对抗这种危害方面进行了优化设计的搜索引擎 Megaglobe。

2006 年 3 月，Taguchi 公司的创始人马里奥·凡东尼，作为虚假点击事件的受害人，与谷歌进行了沟通。经过调查发现，他的广告费账单上的确包括了超额的费用。在他的账单上，与 AdWords 有关的费用在一个月之内由 250 美元飙升到了 4 000 美元，但其销售量却没有获得相应的增长。尽管对其受损情况进行了确认，但谷歌方面却迟迟没有给他退回相关款项。马里奥·凡东尼表示，在等待了三个月之后，他觉得只能通过将这一遭遇公之于众才能促使事情发生转机。事情果然如他所愿，这位 Taguchi 公司的老板证实：“文章发表后的第二天，钱就汇到了我的账户上”。

通过这一事件，马里奥·凡东尼研究出了一套针对 AdWords 运作方式的理论。在此基础上，他帮助实现了一个能使广告获得最优效果的软件系统的商业化，这个软件系统的基础是由一位出身于汽车行业的日本工程师开发的以其名字命名的数学算法——Taguchi。

除了潜在的虚假点击之外，马里奥·凡东尼还提到，他无法理解为什么与其业务相关的关键词价格在上涨。“我曾支付 1 美元的价格以保持出现在搜索结果中第 3 的位置，然而一个星期之后，我的链接却落到了第 10 位。而且，上升位置的七家企业都购买了相同的关键词。”为了始终保持排列靠前的位置，他就必须支付比他人更高的费用。坚持要弄清其中原因的凡东尼最终却发现，其网站在搜索结果中的位置一直在发生变化。“我以前从未看到过类似的情况……”

出于好奇，马里奥·凡东尼将掌握的所有数据交给了 Taguchi 博士经过了多天的研究，这位工程师得出了一个并不令人惊讶的结论：根据他的研究，谷歌所应用的正是1994年诺贝尔经济学奖获得者约翰·福布斯·纳什著名的“博弈论”。

博弈论就是寻找平衡点的理论。例如，如果一家赌博公司输给玩家过多的钱，它就会以破产告终，但如果反过来它不输给玩家那么多的钱，玩家就不会再有兴趣继续下注。纳什的博弈论方程恰恰就能帮助人们找到这个著名的平衡点。

为了了解更多的相关情况，马里奥·凡东尼在美国佛罗里达州拜访了另一位博弈论专家，在没有任何说明的情况下将相同的数据交给了他。三天之后，这位专家给了他答复：“这简单来说就是赌博!”

当马里奥·凡东尼联系上谷歌之后，后者对他的答复是，这种排名的波动只与两种因素有关：

——在某个特定时间人们愿意支付的价格：就像拍卖会一样，最高价格总是在不停地变化；

——“直接关联性”原则：谷歌的一位代表是这样对凡东尼解释的：“您的竞争对手拥有的点击次数比您多，因此我们降低了您的排名位置。”

不管这个解释有无道理，马里奥·凡东尼连一个字都不愿意相信。凡东尼表示，在他发表讲述其痛苦遭遇的文章后，“许多人来信说他们也有相似的经历，有人表示最初其支付的费用是500美分，但过了一段时间之后，为了获得相同的排名位置，却需要多支付五倍的费用。”马里奥·凡东尼最终得出结论：“谷歌控制了所有的规则，以便使自己的利润最大化，同时让客户支付尽可能多的费用”，而且，“发明这一系统的人真是绝顶聪明!”

美国公共频道 PBS 的专栏作家罗伯特·科林吉里，曾列举了许多与 AdWords 有关的奇特案例[①]，可以让公众从系统层面对 AdWords 有一个大致的认识。其中一个案例来自科林吉里专栏文章的一位读者，这位管理着一家销售网站的读者曾统计出，在谷歌的商业广告链接中对其网站的日点击量达到了 15 000 余次。于是，他开始考虑是否可能通过变动其向 AdWords 支付的费用——当时是 0.1 美元——而使自己获得更多的赢利。为了达到这一目的，他创建了一个与自己的网站完全相似的第二个网站。这一次，作为第二个网站的主人，他提出为相同的关键词支付 1 美元。

自然而然，新网站在谷歌的广告链接中获得了更好的排名位置，也因此获得了较多的点击量。与此同时，第一个网站仍然维持了 15 000 次的日点击量。

随后，这位老板希望降低新网站的 AdWords 广告费用，并将出价降到了 0.4 美元。然而，调整之后，谷歌所记录的对这家网站的日点击量迅速从超过 15 000 次跌落到了大约 1 200 次。

此后，这位老板曾通过改变对 AdWords 的出价来进行各种尝试，但始终未能成功地为新网站吸引到比原始网站更多的点击量(前面提到过，两个网站获得的点击量曾基本相同)。经过这次试验之后，他开始意识到，AdWords 系统的算法从设计上就是为了鼓励广告客户支付更多的费用，并且对降低价格的人进行“惩罚”。

科林吉里还列举了一个非常奇特的案例。[②] 一个英国版本 IO 软

① 《我》，科林吉里，2005 年 9 月 22 日出版。
② 同注释 1。

件程序出版商 Luis Dias，曾向谷歌购买诸如“方程编辑程序”之类的关键词广告，以便推广旗下的一款软件。考虑到在这一领域并没有任何真正的竞争对手，它提议为每个 AdWords 出价 1 便士（比 1 生丁欧元还少）。然而在实现操作过程中，谷歌很快就抬高了要价，将价格涨到大约 2.75 欧元，而当时搜索引擎页面中并没有出现任何一家竞争对手的广告！对此，谷歌的一位副总裁杰夫·胡博解释说，Luis Dias 所购买的关键词被认定缺乏“定性指标”，这一点决定了它的最终价格。确切地说，谷歌的目的就是鼓励广告客户尽量简化他们的广告关键词，以减少“Luis Dias”这种类型的广告的数量。

广告客户对此的不满情绪与日俱增，谷歌甚至准备了 9 000 万美元的预算用于应对与虚假点击相关的诉讼。2006 年夏初，80 家自认为利益受损的公司在阿肯色州法院对谷歌提起了诉讼并向其要求民事赔偿。与此同时，由 Outsell 机构进行的研究显示谷歌商业广告链接点击总数中的 14.6%都可以被看做是虚假伪造的。这一数字意味着，仅仅在 2005 年，美国广告客户就为此多支付了 8 亿多美元。因此，这项调查中涉及的企业有四分之一都决定减少用于 AdWords 以及类似系统的广告费用。

为了预防这个将引发惨重损失的诉讼案进行最后的开庭审理，谷歌想到了一个代价最小的妥协办法：提供 6 000 万美元作为那些广告客户可以使用的信贷资金，用于购买新的广告，同时拿出 3 000 万美元用于支付律师费用。2006 年 7 月 31 日，法院接受了这一和解方案，同时裁定谷歌必须采取有效措施，防止类似现象的再次发生。

与此同时，另一种滥用广告的形式也被发现出来，这次所涉及的是 AdSense。由于在这种系统中，提供与 AdWords 相关广告链接的第三方网站都能够根据点击数量从谷歌获得报酬，于是一些提供这种服务的网站负责人开始寻找适当的时机自己点击这些广告链接以便增加自己的收入。为了剔除滥用点击的行为，谷歌计划将只对某些特定的点击支付费用，而这些点击则需要确实促成一项交易或者确定一名潜在客户。

与此同时，各个企业还可以购买竞争者的品牌名称作为关键词，而其链接显示的却是自己的广告。Geico 事件就是一个很好的例子。（相关情况参见第二部分第十章）

然而，谷歌在本土的成功却影响了它在其他地区的本地化策略。于是，在对词语使用限制更加严格的法国，谷歌就曾因为相同的行为而被多次起诉。

2003 年 10 月 13 日，由法布里斯·达里奥所领导的 Lucetel 以及 Viaticum 公司赢得了对谷歌的诉讼。此案件涉及的关键词包括“航行市场”以及“旅游市场”，其中后者还是 INPI 公司的注册商标。通过谷歌对这些关键词进行搜索时，显示的商业链接都是上述公司竞争对手的广告。在将谷歌告上法庭的同时，法布里斯·达里奥还以相同的理由对 Overture 和 E-spotting 提起了诉讼。后两家搜索引擎公司最终与达里奥达成了和解协议，但谷歌法国分公司却坚持不能撤销受指责的商业广告链接。最终，谷歌法国分公司被判违反了知识产权法第 L713.2 条（仿造使用商标）。

2004 年 12 月 14 日，法国南特尔高等法院对谷歌作出了类似的判罚。这一次，提起诉讼的是征婚广告网站 Eurochallenges.com 的所有人 CNRRH 公司，控告谷歌的原因是在其搜索引擎中对“Eurochallenges”这一关键词进行搜索时，出现的却是其竞争对手 Unicis

和 Innaconsulting 的广告。在这一案件中，被定罪的除了谷歌之外，还有另外两家相关的公司。

两天后的 2004 年 12 月 16 日，法国司法部门又一次对类似案件作出宣判。这一次，是法国 Méridien 酒店集团控告谷歌将其商标名称作为关键词卖给了它的竞争对手。南特尔高等法院的判决是要求谷歌将“Méridien”这一关键词限期从其数据库从删除，同时规定了延期罚款额——每天 150 欧元。

2005 年 2 月初，法国发出了针对 AdWords 的第三次判决。此次诉讼案的原告是路易·威登集团。起诉原因在于，在谷歌中对“路易·威登仿造品”、“威登复制品”等关键词进行搜索的时候，在谷歌搜索结果页面右侧的赞助商链接中，出现的却是仿冒知名品牌箱包的厂商的广告。巴黎高等法院最终以伪造品牌罪判决谷歌法国分公司向受害者赔偿 20 万欧元。

虚假点击以及与 AdWords 相关的拍卖行为无疑成为了谷歌的弱点。介绍搜索引擎相关信息的专业网站 Abondance. com 的负责人奥利维尔·昂德里安评价说：“这是真正的达摩克利斯之剑，赞助商链接市场可能会由此遭受重创……”

这些复杂局面甚至使得一些网民开始对与 AdWords 相关的拍卖运作机制本身生产了质疑。对此，马里奥·凡东尼认为这一系统的运作在总体上遵循了一条基本原则：将自己的利益最大化。这与博彩以及其他类似的机遇性游戏的规则相似！但是不管如何，这一系统中不断暴露出的缺陷将促使该领域建立起更有序的竞争氛围。新型搜索引擎 Megaglobe 就宣称，凭借其先进的分析系统，它已经成功地避免了这些缺陷。该搜索引擎的负责人娜姆·摩尔更是公开强调这一在过去看来较为次要的因素："Megaglobe 的商业链接比我们对手的服务更实惠，而且它还能够有效地抵制虚假点击。当虚假点击出现的时候，相关数据会被记录到广告客户的名下，但客户绝对不必因此而付费！"

响鼓不用重锤。对于明白人，无须再多言了……

六、所有危险免费

软件业的历史证明，的确存在由垄断造成的危险，如果一个企业不再受到竞争的刺激，它也就不会再致力于产品的改进更新。

谷歌的算法方程是基于一个奇特的模式。作为上市的股份制公司，谷歌必须致力于赚取更多的利润，尽管这一目标与佩奇和布林所宣扬的无私精神并不相符。为了实现上述目标，谷歌就必须拥有一大批忠实的网络用户，即使什么也不销售，谷歌依然能从 AdWords 系统中获取巨额的收入。2006 年 4 月，谷歌的季度收入达到了 22.5 亿美元，这个数字相当于苹果公司同期收入的一半，但后者要实现这个收益，需要制造和销售大量的计算机和 iPod。

谷歌从 2004 年开始采取的经营策略将自己定位为消费者的朋友。在谷歌，提供的一切服务都是免费的：每日新闻、地图服务、路程计算、照片存储及编辑、视频搜索……所有的一切都是免费的，甚至包括其他软件公司需要付费的项目，例如文字处理软件和表格软件等。

如同大人在孩子们放学的时候发放糖果以吸引他们第二天继续上学一样，谷歌也以免费这个“糖果”来吸引用户。然而，如果有人相信一个商业公司会仅仅以慈善作为经营目标，就太异想天开了，这位捐助者一定会从系统运作中获取利益回报。

首先，这种慷慨本身就代表了一种面对竞争时难以估量的战斗力。谷歌能够“自动”获得利润收入，这使得它能够轻易通过了解竞争对手所销售的产品而达到削弱对手的目的。

然而，免费服务有时候也会给谷歌自己带来麻烦。1995 年，众多软件开发商曾联合起来对抗微软，指责后者将大批竞争对手排除在市场之外。而谷歌则通过分文不取地提供那些原本需要付费的应用软件（包括著名的 Word 以及 Photoshop），从而拉低了整个行业的产品价格。

凭借每周推出一项新服务的策略，谷歌不断使自己的服务多样化，以此向软件开发商的地盘进军，谷歌很有可能会走上微软的道路——面对竞争对手联合起来与其对抗的局面！2006 年 5 月，eBay 就曾向雅虎和微软求助，因为它认为谷歌会给自己的拍卖网站带来灾难性的后果。

一个并不荒唐的设想是：微软、Adobe、Macromedia 以及其他的软件开发商联合起来争取让美国司法部给出有利于他们的判决，毕竟，没有人希望看到整个信息产业从此消失。毫无疑问，如果某个企业将造成千万人失业，工会组织会第一个起来反对它。

另一方面，谷歌所坚持的运作模式会使某些在民主国家原本根深蒂固的价值观面临被颠覆的危险。谷歌打开了一扇通向一个格式化世界的大门，在这个世界中，消费产品的制造商和享受选择性免费服务的用户将完全依赖于对方，不可分离。这又是一个复杂的问题，值得花费时间深入研究。

谷歌所提出的经营模式好比一种包含两个层次的文明模式。一方面，这种文明模式包括了那些实物资产，即需要人类劳动、辛勤、汗水以及全心付出的产品。换句话说，就是不能仅仅通过下载获取的产品。对此，我们可以套用歌手多莉·艾莫斯的话，之前她在被问及如何看待歌曲在互联网上免费发行时曾表示："如果某一天，当我去面包店购物而服务员告诉我面包全部都免费的时候，我才会同意在网络上免费发行唱片！"实际上，所有经过加工制造生产出来的产品，往往需要昂贵的生产机器，不可能很快就实现免费供应。整个经济领域，包括建筑业、食品工业、农业、汽车制造业、铁路运输业、物流业、道路维护业，甚至小手工业等等，都不可能接受谷歌所提出的免费逻辑。换言之，所有与信息产业无关的人类活动都不会接受这种免费策略。有多少行业按照传统的经济规律运作，就会有多少企业通过 AdWords 系统为谷歌提供利润。

与实物产品对应的另一方面是虚拟产品：软件、信息服务、消遣娱乐、电子游戏、电影、音乐……这些由 0 和 1 两个数字构成的文件系统可以随意复制、交换和分享。谷歌的目标就是要提供这一切，请尽情享用吧！不用客气，你们不用为此花费一分一毫！

真的不用花钱吗？这只是表面上的。在一个谷歌已经成为生活中不可或缺的一部分的社会中，你的每一次消费，无论是购买汽车、搭乘飞机，还是在超市或者小手工作坊中购物，谷歌都能间接从中获取利润。

2006 年春天，谷歌在短短几年内所积累起来的财富已经达到了 80 亿美元，这一数字还在持续增长，因为谷歌在互联网广告市场中所占据的份额已经超过了五分之一。从 2004 年 8 月上市开始，谷歌的股票价格已经上涨到了原来的 4 倍，因此，谷歌完全有理由开发新项目。

谷歌正在建立起一种新的经济形式，如果人们以现在的发展态势进行推测，这将帮助它摧毁整个信息产业。诸如微软、电子艺界、世嘉、迪士尼、CNN、AFP等企业都将退出历史的舞台。由于谷歌提供Writely文字处理程序，人们将不用再购买Word；由于谷歌提供在线免费新闻，人们将不用再去阅读《共和国东部报》或者《尼斯早报》。那么电子游戏呢？道路交通图册呢？雨果作品《吕布拉》的某个版本呢？所有这一切，在拉里·佩奇和塞吉·布林所梦想的天堂里都可以找到。

那么哪些人会从谷歌这种特有的运营模式中获益呢？除了谷歌，以及那些操纵股市，并以自己的意愿控制相关信息传播的大型消费品制造商之外，还有谁能从中获益呢？如果某个食品生产商或者重型汽车生产商内部爆出公司丑闻，谁会去揭发它呢？如果明知某个企业将在广告业务中投入巨资，谁还会仗义执言，发布不受相关企业欢迎的信息而去面临减少广告收入的风险呢？在一个人们甘愿为奴，习惯于坐在公共交通工具上通过无线笔记本式计算机“消费”免费信息的社会里，还会有《鸭鸣报》[①] 的生存空间吗？

我们将进入一个信息贬值的时代。虚拟世界和思想意识领域的产物将不再用于商品交换，而是没有任何区别地被自由分配：从玛丽·辛吉斯·克拉克到夏尔·波德莱尔[②]，从《华尔街日报》到《Voici》……文化产业的生产商会发现，众多艺术家们会不顾挤满剧院和舞台的危险，竭尽全力转投其他可以打工的行业，因为后者至少能够为他们提供一份稳定的收入。这也许是这场信息领域巨变所

---

① 《鸭鸣报》，法国著名的时事讽刺周报，以敢于揭丑、挖苦人出名。——译者注

② 玛丽·辛吉斯·克拉克是美国著名的悬疑小说家；夏尔·波德莱尔是法国19世纪最著名的现代派诗人。——译者注

带来的为数不多的正面效应之一，但它也会引发某些人的不满甚至厌恶，因为在后者看来，创作领域在一种文化的品位素质中占有无法估量的重要性。

软件业的历史证明，的确存在由垄断造成的危险，如果一个企业不再受到竞争的刺激，它也就不会再致力于产品的改进更新。从1983年开始一直占据软件业龙头老大地位的莲花公司，曾认为没有必要再对其1-2-3软件进行完善更新，直到微软公司Excel程序的出现，它才不得不仓促应战。10余年之后，当微软公司已经占据了这个行业接近95%的市场份额时，这种统治地位却给Windows系统的质量问题带来了实质性的影响——Windows 98的用户对于一天内需要重新安装数次系统一定有着痛苦的回忆！直到Linux和Mac OS给Windows带来竞争的时候，微软这个软件业的NO.1才终于觉醒。同样，微软公司曾经在长达六年的时间内没有更新过Internet Explorer，直至Firefox浏览器的日益强大才促使微软决定对其浏览器进行改进更新。在其他领域，也出现过相似的情况，当法国电信是法国唯一一家电信运营商的时候，人们惊讶地发现，电话费居然比之前贵了几乎10倍。

从诸多方面来看，如果谷歌战胜大多数竞争对手而居于垄断地位，其局面将是令人遗憾的。这种看法可能有些过分，但这却正是谷歌正在努力的方向。如果人们希望保留自由选择的权利和维护信息自由，如果人们希望保有丰富多样的文化遗产，那么最好为谷歌找一些替代者和竞争者。

并不是一切都已经无药可救了，影响公司发展的还有一个奇怪的因素——流行时尚，万一潮流之风出现变化呢？

七、有这样一个搜索引擎

谷歌绝对不会沉醉于现有的成绩，它仍然在努力为自己的搜索引擎提供更丰富的内容。

当新千年的第一个10年进展顺利的时候，谷歌似乎已经拥有了无与伦比的实力。每一次公布数据都伴随着夸张的修饰词语："惊人的"、"破纪录的"、"历史性的"，等等。

2006年第二季度——这通常是企业业绩缺乏亮点的时候——谷歌的营业额仍然增长了77%，利润则上涨了110%，相当于总收入的三分之一。从上半年的情况来看，谷歌的收入已经达到了47亿美元，同比增长了80%。

10月初，谷歌公布的第三季度财务数据显示，该季度实现收入27亿美元。根据前三季度的数据进行推测，全年的营业额将达到100亿美元。而此时，软件业的龙头老大微软公司所预计的年收入为440亿美元左右，差距仍然很大，但这种差距正在一年一年地缩小。微软将在未来五年内失去现有的领导地位的可能性是完全存在的。

2006年9月底，谷歌在庆祝公司成立八周年的纪念活动中公布，其市值已经达到了1 400亿美元，员工总数达到了7 900余人——平均每星期新录用100人。与此同时，《福布斯》杂志公布了美国400位最富有人士的名单。比尔·盖茨仍然以530亿美元的资产遥遥领先地名列财富榜首位，而塞吉·布林和拉里·佩奇也往前迈了一大步，分列财富榜第12位和第13位，他们的资产则达到了141亿美元和140亿美元——几乎比上一年度翻了一番。在这个美国大富豪的排行榜上，全球最受欢迎搜索引擎的两位创始人，第一次引以为傲地排在了微软公司首席执行官史蒂夫·鲍尔默的前面。尽管拉里·艾里（甲骨文公司）、保罗·艾伦（微软公司的共同创始人之一）、迈克尔·戴尔（戴尔计算机公司）等三人仍然位列前10名，但其他互联网信息企业的老板则被远远甩在了后面。皮埃尔·奥米迪亚尔（eBay）排名第32位（77亿美元），埃里克·E·施米特（谷歌公司）排名第45位（52亿美元），史蒂夫·乔布斯（苹果公司）排名第49位（49亿美元），杰夫·贝佐斯（亚马逊公司）排名第70位（36亿美元），戈登·摩尔（英特尔公司）排名第77位（34亿美元），雅虎的两位创始人，大卫·费罗和杨致远则分列第117位（25亿美元）和第140位（22亿美元）。值得关注的事实是，佩奇和布林是美国最富有的25位亿万富翁中仅有的两个年龄小于40岁的（他们都只有33岁）。此外，在全世界范围的财富排行中，布林名列第26位，他的搭档佩奇则紧随其后排在第27位。

凭借AdWords系统，全世界的任何公司都有可能成为谷歌的潜在客户。另一方面，借助AdSense系统，任何一位拥有网站的网民都有可能通过在自己的网站页面上张贴谷歌提供的广告成为谷歌的广告代理人。2006年第二季度，谷歌营业收入的58%（即14.32亿美元）来自于其网站，收入的41%多一点（即9.96亿美元）则来自于AdSense系统。

在谷歌，为广告保留的空间是独立且定量分配的，这一做法与其他互联网广告服务提供商的做法完全不同。与别人总是希望显示尽可能多的广告相比，谷歌只愿意显示少量的广告，以便让对此广告内容有兴趣的用户更清楚明显地看到这些广告。而且这种强加的稀缺性也成了拍卖的资本。然而，在这种模式中，排在广告链接首位的公司并不是为某一关键词付费最多的公司，而是最受欢迎，赢得更多点击量、为谷歌带来最大收益的公司。这一充满智慧的策略在互联网领域内独一无二，没有任何其他策略可以与之相比。正是凭借这种智慧，佩奇和布林一直十分懂得如何更好地利用这些收益。

那么，谁将能够在较长或者较短的时间内削弱谷歌的地位呢？

谷歌的经营完全依赖于广告收益。然而，当一家企业遇到经营困难的时候，财务缩减政策往往会优先影响宣传推广费用。而且，谷歌现在的许多客户往往对谷歌竞争对手有诱惑力的条件相当感兴趣，因为这些搜索引擎服务的要价不是那么高，并且在商务谈判中的态度更加开放。

eBay和亚马逊是谷歌的两大广告客户，它们的广告费用分别达到了每年2亿欧元和1.5亿欧元。在谷歌不断开发Google Base和Google Book服务，越来越显出竞争对手的态势时，eBay和亚马逊会否决定抛弃谷歌，转而与诸如Live Search或者Megaglobe等搜索引擎进行合作呢？

AdWords系统使得许多网络企业产生了一个共同的想法：为了实实在在地削弱谷歌的影响，必须建立起另一个大型搜索引擎。如果这样，网络用户将只有在使用谷歌搜索引擎的时候才会看到与AdWords相关的广告。在美国，谷歌目前所占有的市场份额在48%～50%之间，雅虎则占有22%～30%的市场份额，MSN/Live

只占11%～15%。因此，谷歌的竞争对手们还有努力的空间，而且，开发出一种比 PageRank 更高效的算法也并非完全没有可能。

在搜索结果的精确度方面，谷歌已经面临了一个竞争对手的挑战。无论这种说法正不正确，这都是让·维诺尼经过研究所得到的结论。2005 年末，这位普罗旺斯大学的教授、信息处理专家，曾要求 15 位用户分别向 6 个搜索引擎提交 70 次搜索请求，随后对各个搜索引擎给出的前 10 个结果进行准确性分析。其结果是："在搜索结果质量方面，雅虎与谷歌平分秋色"。根据让·维诺尼的分析，由用户对上述搜索结果进行的测评打分可以得出两个结论：

1. 所有搜索引擎的搜索质量水平都比较平庸。大部分搜索结果都不能被认为是准确的。其原因在于，即便是用户打分最高的搜索引擎，其得分也仅仅只是中等。

2. 两个表现突出的搜索引擎是雅虎和谷歌。

介绍搜索引擎相关信息的专业网站 Abondance. com 的负责人奥利维尔·昂德里安，证实了这种感觉："在搜索结果的精确度方面，雅虎目前已经与谷歌处于同一水平。Live Search 方面，则在过去的一年内获得了长足的进步，它的搜索结果质量也已经接近了谷歌的水准。"

让·维诺尼由此作出推测："PageRank 仅仅是一个传奇而已，正是网民的口口相传造就了一个谷歌神话，并以此建立起了一个品牌的地位。然而实际上，大部分人都不明白他们为什么要使用这个名牌搜索引擎，网络已经变得比过去更加复杂，更新型的网络分析算法也已经出现。雅虎曾经克隆出一个与 PageRank 相似的算法，但令人难以置信的是，对于这套算法，雅虎方面的研究人员居然连自己都无法理解究竟是怎么一回事。”

让·维诺尼甚至还在谷歌所坚持的原则中发现了一项弱点，那就是谷歌至今仍然采用，并且获得巨大成功的简洁质朴的界面风格：“作为搜索引擎，谷歌已经有些年头了，已经成为其品牌形象的简洁界面从1998年创建至今一直没有进行改动，对于现在的年轻网民来说，这个标志已经成了其父辈所有品牌的代表。”谷歌可能很快就会成为三四十岁的网民所使用的搜索引擎，吸引年青一代的将是另外一些搜索工具：“谷歌是一项有10年历史的技术，他们所面临的尴尬境地在于，一旦他们改变界面风格，就会失去现有的成年用户，但是如果他们不进行革新，年轻人就会转投其他搜索工具。”

2006年10月投入经营的Exalead就是一个很好的例子，这个搜索引擎一出现就使谷歌“突显老态”。Exalead这家法国搜索引擎公司的负责人——也成是AltaVista开发团队的一员——弗朗索瓦·布尔东克解释说：“我们希望公众能从我们的技术中获益，因为我们完全是以专业需求为目标开发这项技术的。”实际上，此前Exalead公司就曾帮助设计过美国在线法文版网站的搜索引擎，以及Bouygues搜索引擎（为手机用户提供i-Mode网站服务）。

在Exalead搜索引擎中，感受最深刻的就是其应用技术的现代性。除了高质量的搜索结果之外，在Exalead的搜索结果页面中，对每个网站的描述还配有其主页的剪辑图片。与此同时，被弗朗索瓦·布尔东克称为“zappette”的栏目就显示在搜索结果页面的右侧，这项服务能够使搜索结果更加精准。例如，如果某人对“巴黎”这个关键词进行搜索，“zappette”就会根据诸如“酒店预订”、“西岱岛”等次级标准提供筛选出来的网站供用户选择。

比谷歌性能更优越的搜索引擎可能来自基于“虚拟社区”的设想，在这种模式下，搜索结果将是那些可以信任的人士给予的参考答案。这一灵感显然受到了雅虎音乐服务中所应用的系统的启发，后者能够帮助用户建立一个完全个性化的电台：网民列出一个艺术家列表，或者是歌曲和唱片集的目录，一旦雅虎音乐服务接收到这些信息，一个针对用户的专门程序就会建立起来——而且用户还可以通过更改目录列表对这个程序进行调整。这个网站会被保存在用户自己的收藏列表中，同时它也会出现在其他爱好同类歌曲的网民的收藏列表中。由此，虚拟社区会相互补充，逐渐变得丰富起来。搜索引擎也能借助这种模式使搜索结果更加精确——一项研究表明，喜欢相同音乐的网民往往在其他方面也有相似的爱好，例如服饰、食品等等。

谷歌绝对不会沉醉于现有的成绩，它仍然在努力为自己的搜索引擎提供更丰富的内容。2006年春，谷歌将奥里·艾伦招至麾下就是很好的证明。这个来自以色列的年轻学生曾申请了一项与搜索技术相关的专利。这项在澳大利亚新南威尔士大学研究开发出来的技术被命名为奥里昂（Orion），能够有效改进搜索结果的精确度。微软和雅虎也曾试图聘用这位天才，但最终谷歌赢得了胜利。

如果说谷歌在其主要服务项目上显出了颓势，那么自然就会产生一个问题：谷歌能够从其他服务项目上获取同样多的收益吗？并不确定……

首先，谷歌已经让自己的用户习惯了免费服务。另外，即使谷歌充分利用其优秀工程师的各种创意，努力实现全方位的发展，但谷歌仍然很难在信息搜索服务之外的领域获得优势地位。其在众多领域所表现出来的缺乏经验或许能够从某种程度上解释，为什么他们在多个领域的发展并不如预想的那样顺利。

除了其占优势地位的信息搜索领域，谷歌还竭力想要进军其他服务领域，想要达到这个目的，最好的解决方法就是收购这些领域的领先者。例如在视频服务领域，新兴网站 YouTube.com 就吸引了超过一半的网民用户。创建后仅仅一年，YouTube 就凭借 1 250 万的日访问量，在专业评估机构 Nielsen/NetRating 的视频类网站排名中占据了第一的位置。与此同时，谷歌的视频服务则只有 730 万日访问量，排名第四。值得注意的是，YouTube 的投资商红杉资本投资公司也曾为谷歌投资。在这个问题上，谷歌采取的行动惊人地迅速：2006 年 10 月初，谷歌以令人难以置信的数额收购了 YouTube——16.5 亿美元，这足以称得上是互联网发展史上的大事件。如果说这次收购明确地表达了谷歌的企业发展策略，那么它同时也显示出，谷歌没有能力追赶上一个仍处于萌芽阶段的新兴公司，而与此同时，谷歌的其他竞争对手都在各自的领域蓬勃发展，表现优异。

例如，微软公司经营管理着极其多样化的服务项目，从数据库软件到 Xbox 360 电子游戏机，以及著名的 Windows 操作系统。索尼公司则在电子游戏领域占有明显的统治地位，而且在摄影设备、计算机等领域也占有一席之地；苹果公司凭借其 iPod 随身听和与之配套的 iTunes 音乐软件在此领域独领风骚，而且还有一系列的微型计算机产品。这些公司在各自的领域都拥有多年的经验，其利润来源主要依靠用户的付费，而非仅仅依赖广告收入。

除了上述因素之外，还存在一种难以掌控的年龄断代效应。某些网站的流行几乎完全依靠口口相传的好评以及网民自发的愿望。例如 2004 年出现的 Myspace 现象，最初，这个社区网站只是一个开放的空间，供艺术家们展示其作品。但是随后，它在网络交流中扮演的角色越来越重要，人气急剧飙升。2006 年夏天，Myspace 已经成为了访问量最大的网站——8 月份，它仅仅在美国的访问量就达到了 7 200 万次。开始，这个网站还只是青少年的地盘，但很快就吸引了大批更加成熟的网民：在 2006 年统计出的 1 亿名用户中，52%的用户年龄超过了 35 岁。最终，著名的传媒大王鲁伯特·默多克以 5.8 亿美元收购了 Myspace。

2006 年，凭借全世界范围内超过 2.05 亿的用户数量，MSN/Windows Live Messenger 已经成为了一种社会现象。与手机短信等众多新兴流行服务一样，MSN/Windows Live Messenger 不知不觉地渗透到了青少年人群之中。这种情况并不罕见：一放学，中学生们就会急匆匆地赶回家，打开计算机，一连几个小时地沉迷于网上聊天。在法国，这一软件的用户一半以上年龄都小于 25 岁。在这一领域，微软凭借 60%的全球市场份额占有绝对的优势，与此同时，谷歌开发的在线聊天软件 Google Talk，只占有 1%的市场份额。

另一项吸引了数百万用户——2006 年 5 月已经超过了 1 亿的应用服务就是 Skype，其主要服务内容是通过互联网提供语音电话服务。围绕这一服务，开发这一软件的瑞典公司（2005 年 9 月被 eBay 收购）还发展了多种辅助服务，例如视频电话和即时邮件。除此之外，它还轻松地开发出了其他服务项目——例如 Kazaa，一种极受欢迎的网络音乐交换服务。

除了上述问题之外，让·维诺尼考虑得更多，他认为大众化的搜索引擎正在逐步丧失其重要性：“谷歌的搜索引擎应对的是十年前的网络需求。当时的网络就像一个大布袋，伸进去一只手就可以牵出许许多多的东西。但是现在，网民可以轻松地使用各个搜索引擎而不必将注意力集中在谷歌上：使用 Wikipedia 搜索普通常识信息；

使用 Technorati 搜索博客相关信息；使用 Pagesjaunes 搜索电话号码……因此，一个大众搜索引擎将面临长期的竞争威胁。”

另外一些隐性的因素也可能会影响到事态的平稳发展，搜索引擎的创始人们，正在一点点地失去开拓拼搏的精神，转而沉迷于享受生活。佩奇和布林不是已经为各自挑选好年轻的接班人了吗？

2006 年年初，刚满 26 岁的露西·萨斯维斯还是斯坦福大学的学生。身材苗条，一头金发的露西长得很像名模克劳蒂亚·辛芙，聪明的她此时已经在宾夕法尼亚大学和牛津大学取得了两个学位，这位美女就是拉里·佩奇的女朋友。2006 年 2 月 27 日透露这则消息的《纽约邮报》表示，露西曾作为医疗救助人员在非洲工作，而且怀有“改善世界”的理想。善于报道硅谷地区各种传闻流言的 Valleywag 网站甚至添油加醋地说，露西·萨斯维斯的家庭与布什家族有着某种关系。露西的姐姐凯莉在 2005 年嫁给了一位白宫高级官员科迪·约翰逊，2004 年美国总统大选时，后者就曾是布什总统的竞选班子成员，而更早之前，科迪的父亲还是乔治·W·布什在耶鲁大学的同宿舍室友。Valleywag 网站甚至讽刺说，佩奇表现得更像民主党支持者，因此，面对与代表共和党的布什家庭关系密切的萨斯维斯一家，佩奇在与他们共享圣诞晚宴时，一定会有话可谈。Valleywag 网站还公布了一些佩奇和露西在夏威夷度假时的照片，照片上，佩奇正在温存地爱抚露西。在佩奇恋爱的同时，塞吉·布林也有了自己的意中人：安娜·沃西基——谷歌产品管理副总裁苏珊·沃西基的妹妹。相貌平平的安娜则拥有其他方面的天赋，她是一名卫生领域的投资商。

佩奇和布林这两位天才现在所策划的发展计划始终是人们无法预知的：他们不会透露半点消息，而且能机智地让公众相信他们不会对任何人造成伤害。在接受《时代周刊》采访时，佩奇曾表示："通常，我们不会谈论我们的策略……因为这都是战略性的。与其让竞争对手猜测我们下步将会做什么，我宁愿让大家相信我们还是糊里糊涂的。"

现在，谷歌已经建立起了一个类似信息帝国的企业。对于那些仍然愿意认为谷歌的统治地位并非不可逆转的人，谷歌只为他们保留了唯一的出路：使用谷歌所提供服务之外的其他服务，选择那些小公司的优惠产品。

网络用户群体的人数是很不稳定的。在短暂的网络发展历史中，曾经出现过这样的情况，一旦网民得到更好的服务，他们就会很快改变态度，抛弃旧的服务项目。例如，网景 Navigator 在 1995 年还是浏览器领域的老大，但仅仅两年之后就被微软的 Internet Explorer 所取代，当年搜索引擎领域的 NO. 1——AltaVista，同样也是在短短的一两年内就被对手所超越……

免费服务最大的优势，就是可以随时更换。